（宋）蘇軾　撰

明成化本東坡七集

第二八册

國家圖書館出版社

U0874576

第二八册目録

東坡續集十二卷（卷第八—九）

卷第八……三
序九首……三
八境圖後序……三
聖散子後序……四
送人序……五
送水丘秀才序……六
觀宋復古畫序……七
獵會詩序……九
講田友直字序……一〇
送張道士序……一一
江子静字序……一三
論三十二首……一四
儒者可與守成論……一五
物不可以苟合論……一八
士燮論……二一
宋襄公論……二五
屈到嗜芰論……二八
續歐陽子朋黨論……三一
龍虎鉛汞論……三五
上張安道養生訣論……四一
論武王……四四
論養士……四九
論秦……五三
論魯隱公……五六

論隱公里克李斯鄭小同王
允之……六〇
論管仲……六二
論孔子……六七
論周東遷……七一
論范蠡伍子胥大夫種……七五
論商鞅……七八
論封建……八一
論始皇漢宣李斯……八五
論項羽范增……八九
論好德錫之福……九二
論鄭伯克段于鄢……九五
論鄭伯以璧假許田……九九
論取郜大鼎于宋……一〇一
論齊侯衛侯胥命于蒲……一〇四
論禘于太廟用致夫人……一〇六
論閏月不告朔猶朝于廟……一〇八
論用郊……一一一
論會于澶淵宋災故……一一四
論黑肱以濫來奔……一一六
論春秋變周之文……一一九
卷第九……一二五
策問五首……一二五
策問三首……一二五
私試策問一首……一二五
擬殿試策問一首……一二八
策問五首……一二九
禹之所以通水之法……一二九
脩廢官舉逸民……一三二
天子六軍之制……一三四
休兵久矣而國用益困……一三六
關隴游民私鑄錢與江淮漕卒
爲盜之由……一三八
南省説書十道……一四一

左傳三道……一四一
問供養三德爲善……一四一
問小雅周之衰……一四三
問君子能補過……一四五
穀梁四道……一四七
問侵伐土地分民何以明正……一四七
問魯猶三望……一四八
問魯作丘甲……一五一
問雩月何以爲正……一五三
公羊三道……一五四
問大夫無遂事……一五四
問定何以無正月……一五六
問初税畝……一五九
易解……一六一
奏議九首……一六三
郊祀奏議……一六三
論時政狀……一七八
辨謗劄子附有奏狀……一八六
縣榜……一八八
舉黄庭堅自代狀……一九〇
舉劉景文狀……一九〇
舉趙德麟狀……一九一
赴英州乞舟行狀……一九三
奏乞封太白山神狀……一九六
治道二首……一九七
道德……一九八
刑政……二〇二
表狀五首……二〇五
代普寧王賀冬表……二〇五
謝御膳表……二〇六
代滕達道景靈宫奉安表……二〇六
上皇帝賀冬表……二〇八
上皇太后賀正表……二〇八
擬作……二〇九

代侯公説項羽辭并叙……二〇九
擬孫權答曹操書……二二四
制誥……二二九
元祐元年九月六日明堂赦文……二二九
元祐三年六月德音赦文……二三二
樂語六首……二三三
集英殿春宴教坊詞……二三三
教坊致語　中和化育萬壽
排場……二三三
口號……二三四
勾合曲……二三五
勾小兒隊……二三五
隊名……二三五
問小兒隊……二三六
小兒致語……二三六
勾雜劇……二三七
放小兒隊……二三七
勾女童隊……二三七
問女童隊……二三八
女童致語……二三八
勾雜劇……二三九
放女童隊……二三九
齋日致語口號……二三九
黄樓致語口號……二四一
趙倅成伯母生日致語口號……二四二
王氏生子致語口號……二四二
寒食宴提刑致語口號……二四四

重刊明成化本東坡七集

東坡續集卷第八

序

八境圖後序

南康江水歲歲壞城孔君宗翰爲守始作石城至今賴之某爲滕西守孔君實見代臨行出八境圖求文與詩以遺南康人使刻諸石其後十七年某南遷過郡得遍覽所謂八境者則前詩未能道其萬一也南康士大夫相與請於某曰詩文昔嘗刻石或持以去今亡矣願復書而刻之時孔君既没不忍違其請紹聖元年八月十九日

書之章

聖散子後序

聖散子主疾功効非一去年春杭之民病得此藥全活者不可勝數所用皆中下品藥略計每千錢即得千服所濟已及千人由此積之其利甚博凡人欲施惠而力能自辦者猶有所止若合衆力則人有善利其行可久今募信士就楞嚴院脩製自立春後起施直至來年春夏之交有入名者径以施送本院昔薄拘羅尊者以訶梨勒施一病比丘故獲報身身常無衆疾施無多寡隨力助緣疾病必相扶持功德豈有限量仁者惻隱當崇善因吴郡陸廣秀才施此方幷

藥得之於智藏主禪月大師實澤乃鄉僧也其陸廣見在京施方并藥在麥麴巷居住

送人序

士之不能自成其患在於俗學俗學之患枉人之材窒人之耳目誦其師傳造字之語從俗之文才數萬言其為士之業盡此矣夫學以明理文以述志思以通其學氣以達其文古之人道其聰明廣其聞見所以學也正志完氣所以言也王氏之學正如脫槧案其形模而出之不待脩飾而成器耳求為桓璧彝器其可乎

送水丘秀才序

水丘仙夫治六經百家説為歌詩與揚州豪俊交游頭骨硗然有古文夫風其出詞吐氣亦往往驚世俗予知其必有用也仙夫其自惜哉今之讀書取官者皆屈折拳曲以合規繩曾不得自伸其喙仙夫恥不得為將歷瑯瑯之會稽浮沅湘遡瞿塘登高以望遠揺槳以泳深以自適其適也過予而語行予謂古之君子有絶俗而高有擇地而泰者顧其心常足而已坐於廟堂君臣賡歌與夫擽槁梧擊朽枝而聲犁然不知其心之樂奚以異也其在窮也能知舍其在通

也能知用予以是卜仙夫之還也仙夫勉矣哉若夫
習而不試往即而獨後則仙夫之展可以南矣

觀宋復古畫序

舊説房琯開元中嘗宰盧氏與道士邢和璞出遊過
夏口村入廢佛寺坐古松下和璞使人鑿地得甕中
所載婁師徳與永禪師書笑謂琯曰頗憶此耶琯因
悵然悟前生之為永禪師也故人柳子玉寶此畫云
是唐本宋復古所臨者元祐六年三月十九日余自
杭還朝宿吳松江夢長老仲殊挾琴過予彈之有異
聲熟視琴頗損而有十三絃予嘆息不已殊曰雖損

尚可修曰柰十三絃何殊不荅誦詩曰度數形名豈
偶然破琴今有十三絃此生若遇邢和璞方信秦筝
是響泉予夢中了然識其所謂既覺而忘之明日晝
卧復夢殊来理前言再誦其詩方驚覺而殊適至意
其非夢也問之殊盖不知是歲六月見子玉之子子
瑾善作詩及行草書復古名迪畫山水草木盖妙絶
文于京師求得其畫乃作詩并書所夢其上子玉名
一時仲殊本書生棄家學佛通脫無所着皆奇士也
詩曰破琴雖未修中有琴意足誰云十三絃音節如
佩玉新絃雖髙張絲絃不附木宛然七絃筝動與世

好逐陋矣房次律因循墮流俗懸知董庭蘭不識無絃曲

獵會詩序

雷勝隴西人以勇敢應募得官爲京東第二將武力絶人騎射敏妙按閲於徐徐人欲觀其能爲小獵城西又有殿直鄭亮借職繆進者皆騎而從弓矢刀槊無不精習而駐泊黄宗閔舉止如諸生戎裝輕騎出馳絶衆客皆驚笑樂甚是日小雨甫晴土潤風和觀者數千人曹子桓云建安十年始定冀州濊貊貢良弓燕代獻名馬時歲之春勾芒司節和風扇物弓燥

手柔草茂獸肥與兒子丹獵於鄴西手獲獐鹿九狐兎三十馳騁之樂邊人武吏日以爲常如曹氏父子横槊賦詩以傳於世乃可喜耳衆客旣各自寫其詩因書其末以爲異日一笑

講田友直字序

韓城田益字遷之黄庭堅以謂不足以配名更之曰友直予曰益者三友何獨取諸此某曰夫直者剛者之長也千夫諾諾不如一士之諤諤誠得直士與居彼不資吾子之過切瑳琢磨成子金玉使子曰知不足雖然取直友猶有四物有直而倚於直者有直而

陷於曲者有曲而盜名直者有曲而遂其直者邦有道無道如矢此直而修於直者也其父攘羊而子證之此直而陷於曲者也或乞醯焉乞諸其鄰此曲而盜名直者也子為父隱此曲而遂其直者也其二端可顛其二端不可顛為吾子擇益友也嘗以是觀之

送張道士序

古者贈人以言彼雖不吾乞猶將發藥也蓋未有不吾乞而亦有待發藥者以吾友之賢茲又奚乞雖然我反乞之曰與吾友心肺之識幾三年矣非同頃暫也今乃別去遂默默而已乎抑不足教乎豈無事於

教乎將周旋終始籠絡蓋遮有所惜乎嗟僕之才陋甚也而吾友每過愛豈信然乎止於此可乎抑容有未至當勉乎自念明於處已暗於接物其不可至死以不喜故譏罵隨之抑足恤乎將從從然與之合乎身且老矣家且窮矣與物日忤而取途且遠矣將明滅如草上之螢乎浮沉如水中之魚乎陶者能圓而不能方矢者能直而不能曲將為陶乎將為矢乎山有蕨薇可羨也野有麋鹿可脯也一絲可衣也一瓦可居也詩書可樂也父子兄弟妻孥可游衍也將謝世路而適吾所自適乎抑富貴聲名以偷夢幻之快

乎行乎止乎遟乎速乎吾友其可教也默默而已非所以望吾友也

江子靜字序

友人江君以其名存之求字於予予字之曰子靜夫人之動以靜爲主神以靜舍心以靜充志以靜寍慮以靜明其靜有道得已則靜逐物則動以一人之身晝夜之氣呼吸出入未嘗異也然而或存或亡者是其動靜殊也後之學者始學也既累於仕其仕也又累於進得之則樂失之則憂是憂樂係於進矣平旦而起日與事交合我則喜忤我則怒是喜怒係於事

矣耳悅五聲目悅五色口悅五味鼻悅芬臭是愛欲係於物矣以眇然之身而所係如此行流轉徙日遷月化則平日之所養尚能存耶喪其所存尚安明其已之是非與夫在物之眞僞哉故君子學以辨道道以求性正則靜靜則定定則虛虛則明明物之来也吾無所增物之去也吾無所虧豈復為之欣喜愛惡而累其眞歟君齒少才銳學以待仕方且出而應物所謂靜以存性不可不念也能得吾性不失其在已則何往而不適哉

論

儒者可與守成論

聖人之於天下也無意於取也譬之江海百谷赴焉譬之麟鳳鳥獸萃焉雖欲辭之豈可得哉禹治洪水排萬世之患使溝壑之地疏為桑麻魚鼈之民化為衣冠契為司徒而五教行棄為后稷而蒸民粒世濟其德至於湯武拯塗炭之民而置之於仁壽之域故天下相率而朝之此三聖人者蓋推之而不可去逃之而不能免者也於是益脩其政明其教因其民不易其俗以是得之以是守之傳數十世而民不叛豈有二道哉周室既衰諸侯並起力征爭奪者天下皆

是也德既無以相過則智勝而已矣智既無以相傾
則力奪而已矣至秦之亂則天下蕩然無復知有仁
義矣漢高帝以三尺劒起布衣五年而併天下雖稍
輔於仁義然所用之人常先於智勇所行之策常主
於權謀是以戰必勝攻必取天下既平思所以享其
成功而安於無事以爲子孫無窮之謀而武夫謀臣
舉非其人莫與爲者故陸賈譏之曰陛下以馬上得
之豈可以馬上治之叔孫通亦曰儒者難與進取可
與守成於是酌古今之宜與禮樂之中取其簡而易
知近而易行者以爲朝覲會同冠昏喪祭一代之法

雖足以傳數百年上下相安然不若三代聖人取守一道源深而流長也夫武夫謀臣譬之藥石可以伐病而不可以養生儒者譬之五穀可以養生而不可以伐病宋襄公爭諸侯不擒二毛不鼓不成列以敗於泓身夷而國蹙此以五穀伐病者也秦始皇焚詩書殺豪傑東城臨洮北築遼水民不得休息傳之二世宗廟蕪滅此以藥石養生者也善夫賈生之論曰仁義不施攻守之勢異也夫世俗不察直以攻守為二道故具論三代以來所以取守之術使知文武禹湯之盛德亦儒者之極功而陸賈叔孫通之流盖儒

術之粗也

物不可以苟合論

論曰昔者聖人之將欲有為也其始必先有所甚難而其終也至於久遠而不廢其成之也難故其敗之也不易其得之也重故其失之也不輕其合之也遲故其散之也不速夫聖人之所為詳於其始者非為其始之不足以成而憂其終之易敗也非為其始之不足以得而憂其終之易失也非為其始之不足以合而憂其終之易散也天下之事如是足以成矣如是足以得矣如是足以合矣而必曰未也又從而節

文之綢繆委曲而爲之表飾是以至于今不廢及其後世求速成之功而倦於遲久故其成也止於其足以成欲得也止於其足以得欲合也止於其足以合而其甚者又不能待其足其始不詳其終將不勝弊嗚呼此天下治亂享國長短之所出歟聖人之治制爲君臣父子夫婦朋友也坐而治政奔走而執事此足以爲君臣矣聖人懼其相易而至於相陵也於是爲之車服采章以別之朝覲位著以嚴之名非不相聞也而見必以贄心非不相信也而出入必以籍此所以久而不相易也杖屨以爲安飲食以爲養此足

以為父子矣聖人懼其相褻而至於相怨也於是制為朝夕問省之禮左右佩服之飾族居之為歡而異官以為別合食之為樂而異膳以為尊此所以久而不相褻也生以居於室死以葬於野此是以為夫婦矣聖人懼其相狎而至於相離也於是先之以幣帛重之以媒妁不告於廟而終身以為妾晝居於內而君子問其疾此所以久而不相狎也安居以為黨急難以相救此是以為朋友矣聖人懼其相瀆而至於相侮也於是戒其群居嬉遊之樂而嚴其射享飲食之節是非不能行也而待擯相之詔口非不能言也而

待紹介之傳命此所以久而不相瀆也天下之禍莫大於苟可以為而止夫苟可以為而止則君臣之相陵父子之相怨夫婦之相離朋友之相侮久矣聖人憂焉是故多為之節易曰藉用白茅無咎苟錯諸地而可矣藉之用茅何咎之有此古之聖人所以長有天下而後世之所謂迂闊也又曰噬嗑者合也物不可以苟合故受之以賁賁盡矣

士燮論

料敵勢強弱而知師之勝負此將帥之能也不求一時之功愛君以德而全其宗嗣此社稷之臣也鄢陵

之役楚晨壓晉師而陳諸將請從之范文子獨不欲
戰晉卒敗楚楚子傷目子反殞命范文子疑若懦而
無謀者矣然不及一年三郤誅厲公弑胥童死欒書
中行偃幾不免於禍晉國大亂鄢陵之功實使之然
也有非常之人然後有非常之功聖人所甚懼也夜
光之珠明月之璧無因而至前匹夫猶或按劒而況
非常之功乎故聖人必自反曰此天之所以厚於我
乎抑天之禍余也故雖有大功而不忘戒懼中常之
人銳於立事忽於天戒日尋干戈而殘民以逞天欲
全之則必折其萌芽挫其鋒芒使知其所悔天欲亡

之以美利誘之以得志使之有功以驕士玩於寇讐而侮其民人至於亡國殺身而不悟者天絶之也嗚呼小民之家一朝而獲千金非有大福必有大咎何則彼之所獲者終日勤勞不過數金耳所得者微故所用狹無故而得千金豈不驕其志而喪其所守哉由是言之一天下者得之艱難則失之不易得之既易則失之亦然漢高皇帝之得天下親冒矢石與秦楚爭轉戰五年未甞得志既定天下復有平城之圍故終其身不事遠略民亦不勞繼之文景不言兵唐太宗舉晉陽之師破竇建德虜王世充所過者下易

於破竹然天下始定外攘四夷伐高昌破突厥終其身師旅不解幾至於亂者以其親見取天下之易也故兵之勝負不足以爲國之强弱而足以爲治亂之兆蓋有戰勝而亡有敗而興者矣會稽之棲而勾踐以覇黄池之會而夫差以亡有以使之也夫晉虢公敗戎于桑田晉卜偃知其必亡曰是天奪之鑒而益其疾也晉果滅虢此范文子所以不得不諫諫而不納而又有功敢逃其死哉使其不死則厲公逞志必先圖於范氏趙盾之事可見矣趙盾雖免於死而不免於惡名則范文子之智於趙宣子也遠矣

宋襄公論

魯僖公二十二年冬十月一日己巳朔宋公及楚人戰于泓宋師敗績春秋書戰未有若此之嚴而盡也曰宋公天子之上公宋先代之後於周為客天子有事膰焉有喪拜焉非列國諸侯之所敢敵也而曰及楚人戰于泓楚夷狄之國人微者之稱以天子之上公而當夷狄之微者至於敗績宋公之罪蓋可見矣而穀梁之傳以為文王之師不過是學者疑焉故不可以不辯宋襄公非獨行仁義而不終者也以不仁之資盜仁者之名爾齊宣王有牽牛而過堂下者曰

牛何之曰將以釁鍾王曰舍之吾不忍其觳觫若無罪而就死地夫舍一牛於德未有所損益者而孟子與之以王所謂以不忍人之心行不忍人之政三代之所共也而宋襄公執鄫子用於次睢之社君子殺一牛猶不忍而宋公戕一國若犬豕然而忍為之天下孰有不忍者耶況之後身敗國衄乃欲以不重傷不禽二毛欺諸侯人能紾其兄之臂以取食而能忍飢於壺飧者天下知其不情也襄公能忍於鄫子而不忍於重傷二毛此豈可謂其情也哉桓文之師存亡繼絕猶不齒於仲尼之門況用人於夷鬼以求霸

而謂王者之師可乎使鄫子有罪而討之雖聲於諸侯而戮於社天下不以為過若以喜怒興師則秦穆公獲晉侯且猶釋之而況敢用諸淫昏之鬼乎以愚觀之宋襄公王莽之流襄公以諸侯為可以名得王莽以天下為可以文取也其得喪小大不同其不能欺天下則同也其不鼓不成列不能損襄公之虐其抱孺子而泣不能蓋王莽之篡使莽無成則宋襄之得志亦一莽也古人有言圖王不成其弊猶足以霸襄公行王者之師猶足以當桓公之師一戰之餘救死扶傷不暇此獨妄庸耳齊桓晉文得管仲子犯而

興襄公有一子魚不能用豈可同日而語㢤自古失道之君如是者多矣死而論定未有如宋襄公之欺於後世者也

屈到嗜芰論

屈到嗜芰有疾召其宗老而屬之曰祭我必以芰及祥宗老將薦芰屈建命去之君子曰不違而道唐柳宗元非之曰屈子以禮之末忍絶其父將死之言且禮有齋之日思其所樂思其所嗜子木去芰安得為道甚矣柳子之陋也子木楚卿之賢者也夫豈不知為人子之道事死如事生況於將死丁寧之言棄而

不用人情之所忍乎是必有大不忍於此者而奪其情也夫死生之際聖人嚴之薨於路寢不死於婦人之手至於結冠纓啓手足之末不敢不勉其於死生之變亦重矣父子平日之言可以恩掩義至於死生至嚴之際豈容以私害公乎曾子有疾稱君子之所貴乎道者三孟僖子卒使其子學禮於仲尼管仲病勸桓公去三竪夫數君子之言或主社稷或勤於道德或訓其子孫雖所趣不同然皆篤於大義不私其躬也如此今赫赫楚國若敖氏之賢聞於諸侯身為正卿死不在民而口腹是憂其為陋亦甚矣使子木

行之國人誦之太史書之天下後世不知夫子之賢
而唯陋是聞予未其忍為此乎故曰是必有大不忍
者而奪其情也然禮之所謂思其所樂思其所嗜此
言人子追思之道也曾晳嗜羊棗而曾子不忍食父
沒而不能讀父之書母沒而不能執母之器皆人子
之情自然也豈待父母之命耶今薦芰之事若出於
子則可自其父母則為陋耳豈可以飲食之故而成
父莫大之陋乎曾子寢疾曾元難於易簀曾子曰君
子之愛人也以德細人之愛人也以姑息若以柳子
之言為然是曾元為孝子而曾子顧禮之末易簀於

病革之中爲不仁之甚也中行偃死視不可含范宣子盟而撫之曰事吳敢不如事主猶視欒懷子曰主苟終所不嗣事於齊者有如河乃瞑嗚呼范宣子知事吳爲忠於主而不知報齊以成夫子憂國之美其爲忠則大矣古人以愛惡比之美疢藥石曰石猶生我疢之美者其毒滋多由是觀之柳子之愛屈到是疢之美子木之違父命藥石也哉

續歐陽子朋黨論

歐陽子曰小人欲空人之國必進朋黨之說嗚呼國之將亡此其徵歟禍莫大於權之移人而君莫危於

國之有黨有黨則必爭爭則小人者必勝而權之所
歸也君安得不危哉何以言之君子以道事君人主
必敬之而踈小人唯予言而莫予違人主必狎之而
親踈者易間而親者難睽也而君子不得志則奉身
而退樂道不仕小人者不得志則徼倖復用唯怨之
報此其所以必勝也蓋甞論之君子如嘉禾也封殖
之甚難而去之甚易小人如惡草也不種而生去之
復蕃世未有小人不除而治者也然去之為最難斥
其一則援之者衆盡其類則衆之致怨也深小者復
用而肆威大者得志而竊國善人為之掃地世主為

之屛息譬斷蛇不死刺虎不斃其傷人則愈多矣齊田氏魯季孫是已齊魯之執事莫非田季之黨也歷數君不忘其誅而卒之簡公弒昭哀失國小人之黨其不可除也如此而漢黨錮之獄唐白馬之禍忠義之士斥死無餘君子之黨其易盡也如此使世主知易盡者之可戒而不可除者之可懼則有瘳矣且夫君子者世無若是之多也小人者亦無若是之衆也凡才智之士銳於功名而嗜於進取者隨所用耳孔子曰仁者安仁智者利仁未必皆君子也冉有從夫子則爲門人之選從季氏則爲聚斂之臣唐柳宗元

劉禹錫使不陷叔文之黨其高才絕學亦足以爲唐名臣矣昔欒懷子得罪於晉其黨皆出奔樂王鮒謂范宣子曰盍反州綽邢蒯勇士也宣子曰彼欒氏之勇也余何獲焉王鮒曰子爲彼欒氏乃子之勇也嗚呼宣子蚤從王鮒之言豈獨獲二子之勇且安有曲沃之變哉愚以謂治道去泰甚耳苟黜其首惡而貸其餘使才者不失富貴不才者無所致憾將爲吾用之不暇又何怨之報乎人之所以爲盜者衣食不足耳農夫市人焉保其不爲盜而衣食既足盜豈有不能返農夫市人也哉故善除盜者開其衣食之門使

復其業善除小人者誘以富貴之道使隳其黨以力取威勝者蓋未嘗不反為所噬也曹參之治齊曰慎無擾獄市獄市姦人之所容也知此亦庶幾於善治矣姦固不可長而亦不可不容也若姦無所容君子豈久安之道哉牛李之黨徧天下而李德裕以一夫之力欲窮其類而致之必死此其所以不旋踵罹仇人之禍也姦臣復熾忠義益衰以力取威勝者果不可耶愚是以續歐陽子之說而為君子小人之戒

龍虎鉛汞論

人之所以生死未有不自坎離者坎離交則生分則

死必然之道也離爲心坎爲腎心之所然未有不正

雖桀跖亦然其所以爲桀跖者以内輕而外重故常

行其所不然者爾腎强而溢則有欲念雖堯顔亦然

其所以爲堯顔者以内重而外輕故常行其所然者

爾由是觀之心之性法而正腎之性淫而邪水火之

德固如是也子産曰火烈人望而畏之水弱人狎而

玩之達者未有不知此者也龍水者也精也血也出

於腎而肝藏之坎之物也虎火者也鉛也氣也力也出

於心而肺主之離之物也心動則氣隨之而作腎溢

則精血隨之而流如火之有煙焰未有復反於薪者

也世之不學道者其龍常出於水故龍飛而汞輕其虎常出於火故虎走而鉛枯此生人之常理也順此者死逆此者僊故眞人之言曰順行則為人逆行則為道又曰五行顛倒術龍從火裏出五行不順行虎向水中生有隱者教余曰人能正坐瞑目調息握固心定息微則徐閉之達磨胎息法亦須閉若如佛經待其自止恐卒不能到也雖無所念而卓然精明毅然剛烈如火之不可犯息極則小通之微則復閉之方其通時亦復一息一息歸之下丹田中也為之推數以多為賢以久為功不過十日則丹田濕而水上行愈久愈溫幾至如烹上行之水蓊然如雲烝于

泥丸盖離者麗也著物而見火之性也吾目引於色耳引於聲口引於味鼻引於香火輙随而麗之今吾寂然無所引於外火無所麗則將安往水者其所妃也勢必從之坎者陷也物至則受水之性也而况其配乎水火合則火不炎而水自上則所謂龍從火裏出也龍出於火則龍不飛而汞不乾旬日之外腦滿而腰足輕方閉息時常卷舌而上以舐懸癰雖不能到而意到焉久則能也如是不已則汞下入口方調息時則漱而烹之須滿口而後嚥（若未滿且留口中候後次）仍以空氣送至丹田常以意養之久則化而為鉛此所謂

虎向水中生也此論奇而通妙而簡決為可信者然吾有大患平生發此志願百十回矣皆謬悠無成意此道非捐軀以赴之刳心以受之盡命以守之不能成也吾今年已六十名位破敗兄弟隔絶父子離散身居蠻夷北歸無日區區世味亦可知矣若復謬悠於此眞不如人矣故數日来別發誓願譬如古人避難窮山或使絶域齧草啗雪彼何人哉已令造一禪榻兩大案明窗之下日專欲治此并已作乾蒸餅百枚自二月一日為首盡絶人事飢則食此餅不飲湯水不啗他物細嚼以致津液或飲少酒而已午後畧

睡一更卧三更乃起坐以達旦有日采日有月采月餘時非數息煉陰則行今所論龍虎訣爾如此百日或有所成不讀書不著文且一時束起以待異日不遊山水除見道人外不接客不會飲皆無益也深恐易流之性不能終踐此言故先作書以報庶幾他日有慙於弟而不敢變也此事大難不知其果能不慙否此書既以自堅又欲以及弟也卷舌以舐懸癰近得此法初甚秘惜云此禪家所得向上一路千金不傳人之所見如此雖可笑然極有驗也但行之數日間舌下筋微急痛當以漸馴致若舌尖果能及懸癰

則致華池之水莫捷於此也又言此法名洪鑪上一
點雪宜且秘之

上張安道養生訣論

近来頗留意養生讀書延納方士多矣其法數百擇其簡而易行者間或為之輒驗今此法特奇妙乃知神仙長生不死非虛語也其效初亦不甚覺但積累百餘日功用不可量比之服藥其力百倍久欲獻之左右其妙處非言語文字所能形容然可道其大略若信而行之必有大益其狀如左

每夜以子後（三更三四點至五更以来）披衣起（只床上擁被坐亦可）面東若

南盤足叩齒三十六通握固以兩拇指握第三或第四指握拇指兩手拄腰腹間閉息閉息最是道家要妙處先須閉息却慮掃滅坐相使心澄湛諸念不起自覺出入息調勻即閉定口鼻也內觀五臟肺白肝青脾黃心赤腎黑常求五臟圖挂壁上使心中熟識五臟六腑之形狀次想心為炎火光明洞徹下入丹田中待腹滿氣極即徐出氣不得令耳聞惟出入均調即以舌接脣齒內外漱鍊精液若有鼻液亦須漱不嫌其鹹煉久自然甘美此是真氣不可弃之也未得嚥復前法閉息內觀納心丹田調息漱津皆依前法如此者三津液滿口即低頭嚥下以氣送入丹田須用意精猛令津與氣谷谷然有聲徑入丹田又依前法為之凡九閉息三嚥津而止然

後以左右手熱摩兩脚心（此湧泉穴上徹頂門氣訣之妙）及臍下腰脊間皆令熱徹（徐徐摩之使微汗出不妨不可喘促爾）次以兩手摩熨眼面耳項皆令極熱仍案捉鼻梁左右五七下梳頭百餘梳而卧熟寢至明

右其法至簡易在常久不廢而有深功且試行一二十日精神自已不同覺臍下實熱腰却輕快久而不已去仙不遠但當習閉息使漸能持久以脉候之五至為一息近来閉得漸久每閉百二十至而開盖已閉得二十餘息也又不可強閉多時使氣錯亂或奔突而出反為之害慎之慎之又須常節晚食令腹中

寬塵氣得回轉晝日無事亦時時閉目內觀漱鍊津液嚥之摩熨耳目以助真氣蓋清淨專一即易見功矣神仙至術有不可學者一忿躁二陰險三貪慾公雅量清德無此三疾竊謂可學故獻其區區篤信力行他日相見復陳其妙若文章書口訣多枝辭隱語卒不見下手徑路今且直指精要可謂至言不煩長生之根本也幸深加寶秘勿使庸妄窺之以泄至道也

論武王

武王克殷以殷遺民封紂子武庚祿父使其弟管叔

鮮蔡叔度相禄父治殷武王崩禄父與管蔡作亂成王命周公誅之而立微子於宋蘇子曰武王非聖人也昔者孔子蓋罪湯武顧自以爲殷之子孫而周人也故不敢然數致意焉曰大哉巍巍乎堯舜也禹吾無閒然其不足於湯武也亦明矣曰武盡美矣未盡善也又曰三分天下有其二以服事殷周之德其可謂至德也已矣伯夷叔齊之於武王也蓋謂之弑君至耻之不食其粟而孔子予之其罪武王也甚矣此孔氏之家法也世世之君子苟自孔氏必守此法國之存亡民之死生將於是乎在其孰敢不嚴而孟軻始

亂之曰吾聞武王誅獨夫紂未聞弑君也自是學者
以湯武爲聖人之正若當然者皆孔氏之罪人也使
當時有良史如董狐者南巢之事必以叛書牧野之
事必以弑書而湯武仁人也必將爲法受惡周公作
無逸曰殷王中宗高宗及祖甲及我周文王茲四人
迪哲上不及湯下不及武王亦以是哉文王之時諸
侯不求而自至是以受命稱王行天子之事周之王
不王不計紂之存亡也使文王在必不伐紂紂不見
伐而以考終或死於亂殷人立君以事周命爲二王
後以祀殷君臣之道豈不兩全也哉武王觀兵於孟

津而歸紂若改過否則殺人改立君武王之待殷亦
若是而已矣天下無王有聖人者出而天下歸之聖
人所不得辭也而以兵取之而放之而殺之可乎漢
末大亂豪傑並起荀文若聖人之徒也以為非曹操
莫與定海内故起而佐之所以與操謀者皆王者之
事也文若豈教操反者哉以仁義救天下天下既平
神器自至將不得已而受之不至不取也此文王之
道文若之心也及操謀九錫則文若死之故吾常以
文若為聖人之徒者以其才似張子房而道似伯夷
也殺其父封其子其子非人也則可使其子而果人

也則必死之楚人將殺令尹子南子南之子棄疾爲
王馭士王泣而告之既殺子南其徒曰行乎曰吾與
殺吾父行將焉入然則臣王乎曰棄父事讎吾弗忍
也遂縊而死武王親以黄鉞誅紂使武庚受封而不
叛豈復人也哉故武庚之必叛不待智者而後知也
武王之封蓋亦有不得已焉耳殷有天下六百年賢
聖之君六七作紂雖無道其故家遺民未盡滅也三
分天下有其二殷不伐周而周伐之誅其君夷其社
稷諸侯必有不悅者故封武庚以悅之此豈武王之
意哉故曰武王非聖人也

論養士

春秋之末至于戰國諸侯卿相皆爭養士自謀夫說客談天雕龍堅白同異之流下至擊劍扛鼎雞鳴狗盜之徒莫不賓禮靡衣玉食以館於上者何可勝數越王勾踐有君子六千人魏無忌齊田文趙勝黄歇呂不韋皆有客三千人而田文招致任俠姦人六萬家於薛齊稷下談者亦千人魏文侯燕昭王太子丹皆致客無數下至秦漢之間張耳陳餘號多士賓客廝養皆天下豪俊而田横亦有士五百人其畧見於傳記者如此度其餘當倍官吏而半農夫也此皆姦

民蠹國者民何以支而國何以堪乎蘇子曰此先王之所不能免也國之有姦猶鳥獸之有鷙猛昆蟲之有毒螫也區處條理使各安其處則有之矣鋤而盡去之則無是道也吾考之世變知六國之所以久存而秦之所以速亡者盖出於此不可以不察也夫智勇辯力此四者皆天民之秀傑也類不能惡衣食以養人皆役人以自養者也故先王分天下之富貴與此四者共之此四者不失職則民靖矣四者雖異先王因俗設法使出於一三代以上出於學戰國至秦出於客漢以後出於郡縣吏魏晉以来出於九品中

正隋唐至今出於科舉雖不盡然取其多者論之六國之君虐用其民不減始皇二世然當是時百姓無一人叛者以凡民之秀傑者皆以客養之不失職也其力耕以奉上皆椎魯無能為者雖欲怨叛而莫為之先此其所以少安而不即亡也始皇初欲逐客用李斯之言而止既并天下則以客為無用於是任法而不任人謂民可以恃法而治謂吏不必才取能守吾法而已故墮名城殺豪傑民之秀異者散而歸田畝向之食於四公子呂不韋之徒者皆安歸哉不知其能槁項黃馘而老死於布褐乎抑將輟耕歎息以

俟時也秦之亂成於二世然使始皇知畏此四人者
有以處之使不失職秦之亡不至若此之速也縱百
萬虎狼於山林而飢渴之不知其將噬人世以始皇
為智吾不信也楚漢之禍生民盡矣豪傑宜無幾而
代相陳豨從車千乘蕭曹為政莫之禁也至文景武
帝之世法令至密矣然吳王濞淮南梁王魏其武安
之流皆爭致賓客世主不問也豈懲於之禍以為爵
禄不能盡縻天下之士故少寬之使得或出於此也
耶若夫先王之政則不然曰君子學道則愛人小人
學道則易使也嗚呼此豈秦漢之所及也哉

論秦

秦始皇十八年取韓二十二年取魏二十五年取越取楚二十六年取燕取齊初并天下蘇子曰秦并天下非有道也特巧耳非幸也然吾以謂巧於取齊而拙於取楚其不敗於楚者幸也嗚呼秦之巧亦創於智伯而已魏韓肘足接而智伯死秦知創智伯而諸侯終不知師魏韓秦并天下不亦宜乎齊湣王死法章立君王后佐之秦猶伐齊也法章死王建立六年而秦攻趙齊楚救之趙乏食請粟於齊而齊不予秦遂圍邯鄲幾亡趙趙雖未亡而齊之亡形成矣秦人

知之而不加兵於齊者四十餘年夫以法章之才而秦伐之建之不才而秦不伐何也太史公曰君王后事秦謹故不被兵夫秦欲并天下耳豈以謹故置齊也哉吾故曰巧於取齊者所以大慰齊之心而解三晉之交也齊秦不兩立秦未嘗須臾忘齊也而四十餘年不加兵者豈其情乎齊人不悟而與秦合故秦得以其間取三晉三晉亡齊蓋岌岌矣方是時猶有楚與燕也三國合猶足以拒秦秦大出兵伐楚伐燕而齊不救故二國亡而齊亦虜不閲歲如晉取虞虢也可不謂巧乎二國既滅齊乃發兵守西界不通秦

使嗚呼亦晚矣秦初遣李信以二十萬人取楚不克乃使王翦以六十萬攻之蓋空國而戰也使齊有中主具臣知亡之無日而掃境以伐秦以久安之齊而入厭兵空虛之秦覆秦如反掌也吾故曰拙於取楚然則柰何曰古之取國者必有數如取齠齒也必以漸故齒脫而兒不知今秦易楚以為是齠齒也可拔遂抉其口一拔而取之兒必傷吾指必齧故秦之不亡幸也非數也吳為三軍迭出以肄楚三年而入郢晉之平吳隋之平陳皆是物也惟符堅不然使堅知出此以百倍之衆為迭出之計雖韓白不能支而況

謝玄牢之之流乎吾以是知二秦之一律也始皇幸勝而堅不幸耳

論魯隱公

魯隱公元年不書即位攝也公子翬請殺桓公公曰為其少故也吾將授之矣使營菟裘吾將老焉翬懼反譖公于桓而使賊弒公歐陽子曰隱公非攝也使隱而果攝也則春秋不書為公春秋書為公則隱非攝無疑也蘇子曰非也春秋約之信史隱攝而桓弒著於史也詳矣周公攝而克復子者也以周公薨故不稱王隱公攝而不克復子者也以魯公薨故稱公

史有謚國有廟春秋獨得不稱公乎然則隱公之攝也禮歟曰禮也何自聞之曰聞之孔子曾子問曰君薨而世子生如之何孔子曰卿大夫士從攝主北面於西階南何謂攝主曰古者天子諸侯卿大夫士（一無士字）之世子未生而死則其弟若兄弟之子次當主者為攝主子生而女也則攝主立男也則攝立退此之謂攝主古之人有為之者季康子是也季桓子且死命其臣正常曰南孺子之子男也則以告而立之女也則肥也可桓子卒康子即位既葬康子在朝南氏生男正常載以如朝告曰夫子有遺言命其圉臣曰

南氏生男則以告於君與大夫而立之今生矣男也敢告康子請退康子之謂攝主古之道也孔子行之自秦漢以来不修是禮也而以毋后攝孔子曰惟女子與小人為難養也使與閫外事且不可曰牝鷄之晨惟家之索而况可使攝位而臨天下乎女子為政而國安惟齊之君王后吾宋之曹高向也盖亦千一矣自東漢馬鄧不能無譏而漢呂后魏胡武靈唐武氏之流盖不勝其亂王莽楊堅遂因以易姓由是觀之豈若攝主之庶幾乎使毋后而可信也則攝主何為而不可信若均之不可信則攝主取之猶吾先君

之子孫不猶愈於異姓之取弑哉曰君薨百官總己以聽冢宰三年何用攝主曰非此之謂也嗣天子長矣宅憂而未出令則以禮從一作設冢宰若太子未生生而弱未能君也則三代之禮孔子之學決不以天下付異姓其付之攝主也夫豈非禮而周公行之歟故隱公亦攝主也鄭玄儒之陋者也其傳攝主也曰上卿代君聽政者也使子生而女則上卿豈繼世者乎蘇子曰攝主先王之令典孔子之法言也而世不知習見母后之攝也而以為當然故吾不可不論以待後世之君子

論隱公里克李斯鄭小同王允之

公子翬請殺桓公以求太宰隱公曰爲其少故也吾將授之矣使營菟裘吾將老焉翬懼反譖公於桓公而殺之蘇子曰盜以兵擬人人必殺之夫豈獨其所擬塗之人皆捕擊之矣塗之人與盜非仇也以爲不擊則盜且并殺已也隱公之智曾不若塗之人哀哉隱公惠公繼室之子也其爲非嫡與桓均耳而長於桓隱公追先君之志而授國焉可不謂仁人乎惜乎其不敏於智也使隱公誅翬而讓桓雖夷齊何以尚兹驪姬欲殺申生而難里克則施優來之二世欲殺

扶蘇而難李斯則趙高來之此二人之智若出一人
而受禍亦不少異里克不免於惠公之誅李斯不免
於二世之虐皆無足哀吾獨表而出之為萬世戒君
子之為仁義也非有計於利害然君子所為義利常
兼而小人反是李斯聽趙高之謀非其本意獨畏蒙
氏之奪其位故勉而聽高使斯聞高之言即召百官
陳六師而斬之其德於扶蘇豈有既乎何蒙氏之足
憂釋此不為而具五刑於市非愚而何嗚呼亂臣賊
子猶蝮蛇也其所螫草木猶足以殺人況其所噬齧
者歟鄭小同為高貴鄉公侍中常詣司馬師師有密

踈未屏也如厠還問小同見吾踈乎曰不見師曰寧
我負卿無卿負我遂酖之王允之從王敦夜飲辭醉
先寢敦與錢鳳謀逆允之已醒悉聞其言慮敦疑己
遂大吐衣面皆汚敦果照視之見允之卧吐中乃已
哀哉小同殆哉岌岌乎允之也孔子曰危邦不入亂
邦不居有以也夫吾讀史得魯隱公晉里克秦李斯
鄭小同王允之五人感其所遇禍福如此故特書其
事後之君子可以覽觀焉

論管仲

鄭太子華言於齊桓公請去三族而以鄭爲内臣公

將許之管仲不可公曰諸侯有討於鄭未捷苟有釁
從之不亦可乎管仲曰君若綏之以德加之以訓辭
而率諸侯以討鄭鄭將覆亡之不暇豈敢不懼若摠
其罪人以臨之鄭有辭矣公辭子華鄭伯乃受盟蘇
子曰大哉管仲之相桓公也辭子華之請而不違曹
沬之盟皆盛德之事也齊可以王矣恨其不學道不
自誠意正身以刑其國使家有三歸之病而國有六
嬖之禍故桓公不王而孔子小之然其予之也亦至
矣曰桓公九合諸侯不以兵車管仲之力也如其仁
曰仲尼之徒無道桓文之事者孟子蓋過矣吾讀春

秋以下史得七人焉皆盛德之事可以爲萬世法又
得八人焉皆反是可以爲萬世戒故具論之太公之
治齊也舉賢而尚功周公曰後世必有篡弑之臣天
下誦之齊其知之矣田敬仲之始生也周史筮之其
奔齊也齊懿氏卜之皆知其當有齊國篡弑之疑盖
萃於敬仲矣然桓公管仲不以是廢之乃欲以爲卿
非盛德能如此乎故吾以謂楚成王知晉之必霸而
不殺重耳漢高祖知東南之必亂而不殺吳王濞晉
武帝聞齊王攸之言而不殺劉元海符堅信王猛而
不殺慕容垂唐明皇用張九齡而不殺安禄山皆盛

德之事也而世之論者則以謂此七人者皆失於不殺以啓亂吾以謂不然七人者皆自有以致敗亡非不殺之過也齊景公不煩刑重賦雖有田氏齊不可取楚成王不用子玉雖有晉文公兵不敗漢景帝不害吳太子不用晁錯雖有吳王濞無自發晉武帝不立孝惠雖有劉元海中國不亂符堅不伐晉雖有慕容垂不敢叛明皇不用李林甫楊國忠雖有安禄山亦何能爲秦之由余漢之金日磾唐之李光弼渾瑊之流皆蕃種也何負於中國哉而獨殺元海禄山乎且夫自今而言之則元海禄山死有餘罪自當時言

之則不免爲殺無罪豈有天子殺無罪而不得罪於
天下（一無下字）者上失其道塗之人皆敵國也天下豪傑
其可勝旣乎漢景帝以鞅鞅而殺周亞夫曹操以名
重而殺孔融晉文帝以卧龍而殺嵇康晉景帝亦以
名重而殺夏侯玄宋明帝以族大而殺王彧齊後主
以謡言而殺斛律光唐太宗以讖而殺李君羨武后
亦以謡言而殺裴炎世皆以爲非也此八人者當時
之慮豈非憂國備亂與憂元海禄山者同乎久矣世
之以成敗爲是非也故凡嗜殺人者必以鄧侯不殺
楚子爲口實以鄧之微無故殺大國之君使楚人舉

國而仇之其亡不愈速乎吾以謂為天下如養生憂
國備亂如服藥養生者不過愼起居飲食節聲色而
已節愼在未病之前而服藥在已病之後今吾憂寒
疾而先服烏喙憂熱疾而先服甘遂則病未作而藥
殺人矣彼八人者皆未病而服藥者也

論孔子

魯定公十二年孔子言於公曰臣無藏甲大夫無百
雉之城使仲由為季氏宰將墮三都於是叔孫氏先
墮郈季氏將墮費公山弗狃叔孫輒率費人襲公公
與三子入于季氏之宮孔子命申句須樂頎下伐之

費人北二子奔齊遂隳費將隳成公斂處父以成叛公圍成弗克或曰殆哉孔子之為政也亦危而難成矣孔融曰古者王畿千里寰內不以封建諸侯曹操疑其論建漸廣遂殺融融特言之耳安能為哉操以為天子有千里之畿將不利已故殺之不旋踵季氏親逐昭公公死于外從公者皆不敢入雖子家羈亦亡季氏之忌克忮害如此雖地勢不及曹氏然君臣相猜蓋不減操也孔子安能以是時隳其名都而出其藏甲也哉考於春秋方是時三桓雖若不悦然莫能違孔子也以為孔子用事於魯得政與民而三桓

畏之歟則季桓子之受女樂也孔子能却之矣彼婦

之口可以出走是孔子畏季氏季氏不畏孔子也夫

孔子盍姑脩其政刑以俟三桓之隙也哉蘇子曰此

孔子之所以聖也盖田氏六卿不服則齊晉無不亡

之道三桓不臣則魯無可治之理孔子之用於世其

政無急於此者矣彼晏嬰者亦知之曰田氏之僭惟

禮可以已之在禮家施不及國大夫不收公利齊景

公曰善哉吾今而後知禮之可以為國也嬰能知之

而莫能為之嬰非不賢也其浩然之氣以直養而無

害塞乎天地之間者不及孔孟也孔子以羈旅之臣

得政朞月而能舉治世之禮以律亡國之臣隳名都出藏甲而三桓不疑其害己此必有不言而信不怒而威者矣孔子之聖見於行事至此爲無疑也嬰之用於齊也久於孔子景公之信其臣也愈於定公而田氏之禍不少衰吾是以知孔子之難也孔子以哀公十六年卒十四年陳恒弑其君孔子沐浴而朝告於哀公請討之吾是以知孔子之欲治列國之君臣使如春秋之法者至於老且死而不忘也或曰孔子知哀公與三子之必不從而以禮告也歟曰否孔子實欲伐齊孔子既告公公曰魯爲齊弱久矣子之伐

之將若之何對曰陳恒弑其君民之不與者半以魯之衆加齊之半可克也此豈禮告而已哉哀公患三桓之偪嘗欲以越伐魯而去之夫以蠻夷伐國民不與也臯如出公之事斷可見矣豈若從孔子而伐齊乎若從孔子而伐齊則凡所以勝齊之道孔子任之有餘矣既克田氏則魯之公室自張三桓不治而自服矣此孔子之意也

論周東遷

太史公曰學者皆稱周伐紂居洛邑其實不然武王營之成王使召公卜居九鼎焉而周復都豐鎬至犬

戎敗幽王周乃東徙于洛蘇子曰周之失計未有如東遷之繆者也自平王至於亡非有大無道者也顚王之神靈諸侯服享然終以不振則東遷之過也昔武王克商遷九鼎于洛邑成王周公復增營之周公既沒蓋君陳畢公更居焉以重王室而已非有意於遷也周公欲葬成周而成王葬之畢此豈有意於遷哉今夫富民之家所以遺其子孫者田宅而已不幸而有敗至於乞假以生可也然終不敢議田宅今平王舉文武成康之業而大棄之此一敗而鬻田宅者也夏商之王皆五六百年其先王之德無以過周而

後王之敗亦不減周幽厲然至於桀紂而後亡其未亡也天下宗之不如東周名存而實亡也是何也則不鬻田宅之效也盤庚之遷也復殷之舊也古公遷于岐方是時周人如狄人也逐水草而居豈所難哉衛文公東徙渡河恃齊而存耳齊遷臨淄晉遷于絳于新田皆其盛時非有所畏也其餘避寇而遷都未有不亡雖不即亡未有能復振者也春秋之時楚大饑群蠻叛之申息之北門不啓楚人謀徙於阪高蔿賈曰不可我能往寇亦能往於是乎以秦人巴人滅庸而楚始大蘇峻之亂晉幾亡矣宗廟宮室盡為灰

燼溫嶠欲遷都豫章三吳之豪欲遷會稽將從之矣獨王導不可曰金陵王者之都也王者不以豐儉移都若弘衛文大帛之冠何適而不可不然雖樂土為墟矣且北寇方強一旦示弱竄於蠻越望實皆喪矣乃不果遷而晉復安賢哉導也可謂能定大事矣嗟夫平生之初周雖不如楚之強顧不愈於東晉之微乎使平王有一王導定不遷之計收豐鎬之遺民而脩文武成康之政以形勢臨東諸侯齊晉雖強未敢貳也而秦何自覇哉魏惠王畏秦遷于大梁楚昭王畏吳遷于都頃襄王畏秦遷于陳考烈王畏秦遷于

壽春皆不復振有亡徵焉東漢之末董卓刼帝遷于長安漢遂以亡近世李景遷于豫章亦亡吾故曰周之失計未有如東遷之繆者也

論范蠡伍子胥大夫種

越既滅吴范蠡以為句踐為人長頸烏喙可與共患難不可與同安樂乃以其私徒屬浮海而行至齊以書遺大夫種曰蜚鳥盡良弓藏狡兔死走狗烹子可以去矣蘇子曰范蠡獨知相其君而已以吾相蠡蠡亦鳥喙也夫好貨天下賤士也以蠡之賢豈聚歛積實者何至耕於海濱父子力作以營千金屢散而復

積此何爲者哉豈非才有餘而道不足故功成名遂身退而心終不能自放者乎使勾踐有大度能始終用蠡蠡亦非清淨無爲以老於越者也吾故曰蠡亦鳥喙者也魯仲連既退秦軍平原君欲封連以千金爲壽連笑曰所貴於天下士者爲人排難解紛而無所取也即有取是商賈之事連不忍爲也遂去終身不復見逃隱於海上曰吾與其富貴而詘於人寧貧賤而輕世肆志焉使范蠡之去如魯連則去聖人不遠矣嗚呼春秋以来用舍進退未有如范蠡之全者也而不足於此吾是以累歎而深悲焉蘇子曰子胥

種蠡皆人傑而楊雄曲士也欲以區區之學疵瑕此三人者以三諫不去鞭尸藉館為子胥之罪以不強諫勾踐而棲之會稽為種蠡之過雄聞古有三諫當去之說即欲以律天下士豈不陋哉三諫而去為人臣交淺者言之如宮之奇洩冶乃可耳至如子胥吳之宗臣與國存亡者也去將安往哉百諫不聽繼之以死可也孔子去魯未嘗一諫又安用三父不受誅子復讎禮也生則斬首死則鞭屍發其至痛無所擇也是以昔之君子皆哀而恕之雄獨非人子乎至於藉館闔閭與群臣之罪非子胥意也勾踐困於會稽

乃能用二子若先戰而強諫以死之則雄又當以子胥之罪罪之矣此皆兒童之見無足論者不忍三子之見誣故為一言

論商鞅

商鞅用於秦變法定令行之十年秦人大悅道不拾遺山無盜賊家給人足民勇於公戰怯於私鬬秦人富強天子致胙於孝公諸侯畢賀蘇子曰此皆戰國之遊士邪說詭論而司馬遷闇於大道取以為史吾甞以為遷有大罪二其先黄老後六經退處士進姦雄蓋其小小者耳所謂大罪二則論商鞅桑弘羊之

功也自漢以来學者耻言商鞅弘羊而世主獨甘心焉皆陽諱其名而陰用其實甚者則名實皆宗之庶幾其成功此司馬遷之罪也秦固天下之強國而孝公亦有志之君也修其政刑十年不為聲色畋游之所敗雖微商鞅有不富強乎秦之所以富強者孝公敦本力穡之效非鞅流血刻骨之功也而秦之所以見疾於民如豺虎毒藥一夫作難而子孫無遺種則鞅實使之至於桑弘羊斗筲之才穿窬之智無足言者而遷之言曰不加賦而上用足善乎司馬光之言也曰天下安有此理天地所生財貨百物止有此數

不在民則在官譬如雨澤夏潦則秋旱不加賦而上用足不過設法陰奪民利其害甚於加賦也二子之名在天下如蛆蠅糞穢也言之則汙口舌書之則汙簡牘二子之術用於世者滅國殘民覆族亡軀者相踵也而世主獨甘心焉何哉樂其言之便己也夫堯舜禹湯世主之父師也諫臣弼士世主之藥石也恭敬慈儉勤勞憂畏世主之繩約也今使世主日臨父師而親藥石履繩約非其所樂也故爲商鞅弘羊之術者必先鄙堯笑舜而陋禹也曰所謂賢主者專以天下適己而已此世主所以人人甘心而不悟也世

有食鍾乳烏喙而縱酒色以求長年者盖始於何晏晏少而富貴故服寒食散以濟其欲無足怪者彼之所為足以殺身滅族者日相繼也得死於寒食散豈不幸哉而吾獨何為效之世之服寒食散疽背嘔血者相踵也用商鞅桑弘羊之術破國亡宗者皆是也然而終不悟者樂其言之美便而忘其禍之慘烈也

論封建

秦初并天下丞相綰等言燕齊荆地遠不置王無以鎮之請立諸子始皇下其議群臣皆以為便廷尉斯曰周文武所封子弟同姓甚衆然後屬疏遠相攻擊

如仇讎諸侯更相誅伐天子弗能禁止今海内賴陛
下神靈一統皆為郡縣諸子功臣公賦稅重賞賜之
甚足易制天下無異意則安寧之術也置諸侯不便
始皇曰天下共苦戰鬬不休以有侯王賴宗廟天下
初定又復立國是樹兵也而求其寧息豈不難哉廷
尉議是分天下為三十六郡郡置守尉監蘇子曰聖
人不能為時亦不失時時非聖人之所能為也能不
失時而已三代之興諸侯無罪不可奪削因而君之
雖欲罷侯置守可得乎此所謂不能為時者也周衰
諸侯相幷齊晉秦楚皆千餘里其勢足以建侯樹屏

至於七國皆稱王行天子之事然終不封諸侯不立強家世卿者以魯三桓晉六卿齊田氏為戒也久矣世之畏諸侯之禍也非獨李斯始皇知之始皇既并天下分郡邑置守宰理固當然如冬裘夏葛時之所宜非人之私智獨見也所謂不失時者而學士大夫多非之漢高又欲立六國後張子房以為不可世未有非之者李斯之論與子房何異世特以成敗為是非耳高帝聞子房之言吐哺罵酈生知諸侯之不可復明矣然卒王韓彭英盧豈獨高帝子房亦與焉故柳宗元曰封建非聖人意也勢也昔之論封建者曹

元首陸機劉頌及唐太宗時魏徵李百藥顔師古其
後則劉秩杜佑柳宗元宗元之論出而諸子之論廢
矣雖聖人復起不能易也故吾取其說而附益之曰
凡有血氣必爭爭必以利利莫大於封建封建者爭
之端而亂之始也自書契以来臣弑其君子弑其父
父子兄弟相賊殺有不出於襲封而爭位者乎自三
代聖人以禮樂教化天下至刑措不用然終不能已
簒弑之禍至漢以来君臣父子相賊虐者皆諸侯王
子孫其餘卿大夫不世襲者蓋未嘗有也近世無復
封建則此禍幾絶仁人君子忍復開之歟故吾以李

斯始皇之言柳宗元之論當為萬世法也

論始皇漢宣李斯

秦始皇時趙高有罪蒙毅按之當死始皇赦而用之長子扶蘇好直諫上怒使監蒙恬兵於上郡始皇東游會稽並海走瑯琊少子胡亥李斯蒙毅趙高從道病使蒙毅還禱山川未及還上崩李斯趙高矯詔立胡亥殺扶蘇蒙恬蒙毅卒以亡秦蘇子曰始皇制天下輕重之勢使内外相形以禁奸備亂可謂密矣蒙恬將三十萬人威震北方扶蘇監其軍而蒙毅侍帷幄為謀臣雖有大姦賊敢睥睨其間哉不幸道病禱

祠山川，尚有人也，而遣毅，故高、斯得成其謀。始皇之遣毅，毅見始皇病，太子未立，而去左右，皆不可以言智。然天之亡人國，其禍敗必出於智所不及。聖人為天下，不恃智以防亂，恃吾無致亂之道耳。始皇致亂之道，在用趙高。夫閹尹之禍，如毒藥猛獸，未有不裂肝碎首者也。自書契以來，惟東漢呂強、後唐張承業二人號良善，豈可望一二於千萬，以徼必亡之禍哉？然世主皆甘心而不悔，如漢桓、靈，唐肅、代，猶不足深怪。始皇、漢宣皆英主，亦湛於趙高、恭、顯之禍。彼自以為聰明人傑也，奴僕熏腐之餘何能為？及其亡國

亂朝乃與庸主不異吾故表而出之以戒後世人主
如始皇漢宣者或曰李斯佐始皇定天下不可謂不
智扶蘇親始皇子秦人戴之久矣陳勝假其名猶足
以亂天下而蒙恬持重兵在外使二人不即就誅而
復請之則斯高無遺類矣以斯之智而不慮此何哉
蘇子曰嗚呼秦之失道有自來矣豈獨始皇之罪自
商鞅變法以殊死爲輕典以參夷爲常法人臣狼顧
脅息以得死爲幸何暇復請方其法之行也求無不
獲禁無不止鞅自以爲軼堯舜而駕湯武矣及其出
亡而無所舍然後知爲法之獘夫豈獨鞅悔之秦亦

悔之矣荆軻之變持兵者熟視始皇環柱而走莫之救者以秦法重故也李斯之立胡亥不復忌二人者知法令之素行而臣子之不敢復請也二人之不敢復請亦知始皇之鷙悍而不可回也豈料其偽也哉周公曰平易近民民必歸之孔子曰有一言而可以終身行之其恕矣乎夫以忠恕為心而以平易為政則上易知而下易達雖有賣國之奸無所投其隙倉卒之變無自發焉其令行禁止蓋有不及商鞅者矣而聖人終不以彼易此鞅立信於徙木立威於棄灰刑其親戚師傅積威信之劇以至始皇秦人視其君

如雷電鬼神不可測也古者公族有罪三宥然後寘刑今至使人矯殺其太子而不忌太子亦不敢請則威信之過也故夫以法毒天下者未有不反中其身及其子孫者也漢武始皇皆果於殺者也故其子如扶蘇之仁則寧死而不請如戾太子之悍則寧反而不訴知訴之必不察也戾太子豈欲反者哉計出於無聊也故為二君之子者有死與反而已李斯之智蓋足以知扶蘇之必不反也吾又表而出之以戒後世人主之果於殺者

論項羽范增

漢用陳平計間踈楚君臣項羽疑范增與漢有私奪
其權增大怒曰天下事大定矣君王自爲之願賜骸
骨歸卒伍未至彭城疽發背死蘇子曰增之去善矣
不去羽必殺增獨恨其不蚤耳然則當以何事去增
勸羽殺沛公羽不聽終以此失天下當以是去耶曰
否增之欲殺沛公人臣之分也羽之不殺猶有君人
之度也增曷爲以此去哉易曰知幾其神乎詩曰相
彼雨雪先集維霰增之去當於羽殺卿子冠軍時也
陳涉之得民也以項燕扶蘇項氏之興也以立楚懷
王孫心而諸侯叛之也以弑義帝且義帝之立增爲

謀主矣義帝之存亡豈獨為楚之盛衰亦增之所與同禍福也未有義帝亡而增獨能久存者也羽之殺卿子冠軍也是弒義帝之兆也其弒義帝則疑增之本也豈必待陳平哉物必先腐也而後蟲生之人必先疑也而後讒入之陳平雖智安能間無疑之主哉吾嘗論之義帝賢主也獨遣沛公入關而不遣項羽識卿子冠軍於稠人之中而擢以為上將不賢而能如是乎羽既殺卿子冠軍義帝必不能堪非羽弒帝則帝殺羽不待智者而後知也增始勸項梁立義帝諸侯以此服從中道而弒之非增之意也夫豈獨非

其意將必力爭而不聽也不用其言而殺其所立羽之疑增必自是始矣方羽殺卿子冠軍增與羽比肩而事義帝君臣之分未定也爲增計者力能誅羽則誅之不能則去之豈不毅然大丈夫也哉增年已七十合則留不合則去不以此時明去就之分而欲依羽以成功陋矣雖然增高帝之所畏也增不去項羽不亡嗚呼增亦人傑也哉

論好德錫之福

昔聖人既陳五常之道而病天下不能萬世而常行也故爲之大中之教曰賢者無所過愚者無所不及

是之謂皇極極之於人也猶方之有矩也猶圓之有規也皆有以繩乎物者也聖人安焉而入乎其中賢者俛而就之愚者跂而及之聖人以為俛與跂者皆非其自然而猶有以彊之者故於皇極之中又為之言曰苟有過與不及而要其終可以歸皇極之道者是皇極而已矣故洪範曰凡厥庶民有猷有為有守汝則念之不協于極不罹于咎皇則受之又悲天下有為善之心而不得為善之利也有求中之志而不知求中之道也故又為之言曰而康而色曰予攸好德汝則錫之福時人斯其惟皇之極聖人之待天下

如此其廣也其誘天下之人不忍使之至於罪戾如此其勤且備也天下未有好德之實而自言曰予攸好德聖人以爲是亦有好德之心矣故受而爵祿之天下之爲善而未協于中也則受而教誨之又恐夫民之愚而不我從也故遜其言卑其色以下之如是而不從然後知其終不可以教誨矣故又爲之言曰凡厥正人既富方穀汝弗能使有好于而家時人斯其辜于其無好德汝雖錫之福其作汝用咎且夫其始也恐天下之人有可以至於皇極之道而上之人不誘而教誨之也故曰予攸好德汝則錫之福其終

也恐天下之以虛言而取其爵禄也故曰于其無好德汝雖錫之福其作汝用咎蓋聖人之用心憂其始之不幸而懼其終之至於僥倖也故其言如此之詳備夫君子小人不可以一道待也故皇極之中有待小人之道不協于極而猶受之至於待君子之道何其責之深也曰無偏無黨無反無側無有作好無有作惡而後可以合於皇極然則先王御天下之術蓋用此歟

論鄭伯克段于鄢 隱元年

春秋之所深譏聖人之所哀傷而不忍言者三晉趙

鞅帥師納衛世子蒯聵于戚齊國夏衛石曼姑帥師圍戚而父子之恩絶公與夫人姜氏遂如齊而夫婦之道喪鄭伯克段于鄢而兄弟之義亡此三者天下之大戚也夫子傷之而思其所以至此之由故其言尤爲深且遠也且夫蒯聵之得罪於靈公逐之可也逐之而立其子是召亂之道也使輒上之不得從王父之言下之不得從父之令者靈公也故書曰晉趙鞅帥師納衛世子蒯聵于戚蒯聵之不去世子者是靈公不得乎逐之之道靈公何以不得乎逐之之道逐之而立其子也魯桓公千乘之君而陷於一婦人

之手夫子以為文姜之不足譏而傷乎桓公制之不
以漸也故書曰公與夫人姜氏道如齊言其禍自公
作也段之禍生於愛鄭莊公之愛其弟也是以殺之
耳孟子曰舜封象於有庳使之源源而來不及以政
孰知夫舜之愛其弟之深而鄭莊公賊之也當太叔
之據京城取廩延以為己邑雖舜復生不能全兄弟
之好故書曰鄭伯克段于鄢而不曰鄭伯殺其弟段
以為當斯時雖聖人亦殺之而已矣夫婦父子兄弟
之親天下之至情也而相殘之禍至如此夫豈一日
之故哉穀梁曰克能也能殺也不言殺見段之有徒

衆也段不稱弟不稱公子賤段而甚鄭伯也于鄢遂也猶曰取之其母之懷中而殺之云爾甚之也然則爲鄭伯宜柰何緩追逸賊親親之道也嗚呼以兄弟之親至交兵而戰固親親之道絕已久矣雖緩追逸賊而其存者幾何故曰於斯時也雖聖人亦殺之而已矣然而聖人固不使至此也公羊傳曰母欲立之已殺之如勿與而已矣而又區區於當國内外之言是何思之不遠也左氏以爲段不弟故不稱弟如二君故曰克稱鄭伯譏失教求聖人之意若左氏可以有取焉

論鄭伯以璧假許田 桓元年

鄭伯以璧假許田先儒之論多矣而未得其正也先儒皆知夫春秋立法之嚴而不知其甚寬且恕也皆知其譏不義而不知其譏不義之所由起也鄭伯以璧假許田者譏隱而不譏桓也始其謀以周公之許田而易泰山之祊者誰也受泰山之祊而入之者誰也隱既已與人謀而易之又受泰山之祊而入之然則為桓公者不亦難乎夫子知桓公之無以辭於鄭也故譏隱而不譏桓何以言之隱八年書曰鄭伯使宛来歸祊又曰庚寅我入祊入祊云者見魯之果入

泰山之祊也則是隱公之罪既成而不可變矣故桓
元年書曰鄭伯以壁假許田而已夫許田之入鄭猶
祊之入魯也書魯之入祊而不書鄭之入許田是不
可以不求其說也鄭伯使宛来歸祊庚寅我入祊見
鄭之来歸而魯之入之也鄭伯以壁假許田者見鄭
之来請不見魯之與之也見鄭之来請而不見魯之
與之者見桓公之無以辭於鄭也嗚呼作而不義使
後世無以辭焉則夫子之罪隱深矣夫善觀春秋者
觀其意之所嚮而得之故雖夫子之復生而無以易
之也公羊曰曷為繫之許近許也諱取周田也穀梁

曰假不言以以非假也非假而曰假諱易地也春秋之所爲諱者三爲尊者諱敵爲親者諱敗爲賢者諱過魯親者也非敗之爲諱而取易之爲諱是夫子之私魯也

論取郜大鼎于宋 桓二年

孔子何爲而作春秋哉舉三代全盛之法以治僥倖苟且之風而歸之於至正而已矣三代之盛時天子秉至公之義而制諸侯之予奪故勇者無所加乎怯弱者無所畏乎強匹夫懷璧而千乘之君莫之敢取焉此王道之所由興也周衰諸侯相幷而強有力者

制其子奪邾莒滕薛之君惴惴焉保其首領之不暇
而齊晉秦楚有吞諸侯之心孔子慨然歎曰久矣諸
侯之恣行也後世將有王者作而不遇焉命也故春
秋之法皆所以待後世王者之作而舉行之也鍾鼎
龜玉天子之所以分諸侯使諸侯相傳而世守也桓
二年取郜大鼎于宋戊申納于太廟且夫鼎也不幸
使齊挈而有之是齊鼎也是百傳而不易未可知也
仲尼曰不然是鼎也何為而在魯之太廟曰取之宋
宋安得之曰取之郜故書曰郜鼎郜之得是鼎也得
之天子宋以不義取之而又以與魯也後世有王者

作舉春秋之法而行之魯將歸之宋宋將歸之郜而後已也昔者子路問孔子所以為政之先子曰必也正名乎故春秋之法尤謹於正名至於一鼎之微而不敢忽焉聖人之用意蓋深如此夫以區區之魯無故而得器是召天下之爭也楚王求鼎於周王曰周不愛鼎恐天下以器讎楚也鼎入宋而為宋入魯而為魯安知夫秦晉齊楚之不動其心哉故書曰郜鼎明魯之不得有以塞天下之爭也穀梁傳曰納者內弗受也以為周公不受也又曰號從中國名從主人而左氏記臧哀伯之諫愚於公羊有取焉曰器從名

地從主人宋始以不義取之故謂之郜鼎至於地之與人則不然俄而可以為其有矣善乎斯言吾有取之

論齊侯衛侯胥命于蒲 桓三年

荀卿有言曰春秋善胥命詩非屢盟其心一也敢試論之謹按桓三年書齊侯衛侯胥命于蒲説春秋者鈎曰近正所謂近正者以其近古之正也古者相命而信約言而退未嘗有歃血之盟也今二國之君誠信恊同約言而會可謂近古之正者已何以言之春秋之時諸侯競鶩爭奪日尋拂違王命糜爛生聚前日之和好後日之戰攻曾何正之尚也覿二國之君

胥命于蒲自時厥後不相侵伐豈與夫前日之和好後日之戰攻者班也故聖人於春秋止一書胥命而已荀卿謂之善者取諸此也然則齊也衛也聖人果善之乎曰非善也直譏爾曷譏爾譏其非正也周禮大宗伯掌六禮以諸侯見王為文乃有春朝夏宗秋覲冬遇時會衆同之法言諸侯非此六禮罔得踰境而出矣不識齊衛之君以春朝相命而出耶以夏宗相命而出耶或以秋覲相命而出耶以冬遇相命而出耶或以時會相命而出耶衆同相命而出耶非春朝夏宗秋覲冬遇時會衆同而出則私相為會耳私

相爲會匹夫之舉也以匹夫之舉而謂之正其可得

乎宜乎聖人大一王之法而誅之也然而聖人之意

豈獨誅齊衛之君而已哉所以正萬世也荀卿不原

聖人書經之法而徒信傳者之說以謂春秋善胥命

失之遠矣且春秋二百四十二年間諸侯之賢者固

亦鮮矣奚待於齊衛之君而善其胥命耶信斯言也

則姦人得以勸也未嘗聞聖人作春秋而勸姦人也

論禘于太廟用致夫人 僖八年

甚哉去聖之久遠三傳紛紛之不同而莫或之折也

禘于太廟用致夫人左氏曰禘而致哀姜非禮也凡

夫人不薨于寢不殯于廟不赴于同不祔于姑則弗
致也公羊曰夫人何以不氏譏以妾為妻也盖聘于
楚而脅于齊媵女之先至者也穀梁曰成風也言夫
人而不言氏姓非夫人也立妾之詞非正也夫人之
我可以不夫人乎夫人卒葬之我可以不卒葬之乎
一則以宗廟臨之而後貶焉一則以外之弗夫人而
見正焉三家之說左氏踈矣夫人與公一體也有曰
公曰夫人既葬公以謚配公夫人以謚配氏此其不
易之例也盖有既葬稱謚而不稱夫人者矣天王使
宰咺来歸惠公仲子之賵秦人来歸僖公成風之襚

而未有不稱謚而稱夫人也公羊之說又非人情無以信於後世以齊楚之彊齊能脅魯使以其媵女爲夫人而楚乃肯安然使其女降爲妾乎此甚可怪也且夫成風之爲夫人非正也春秋以爲非正而不可以廢焉故與之不足之文而已矣方其存也不可以不稱夫人而去其氏及其沒也不可以不稱謚而去其夫人皆所以示不足於成風也況乎禘周公而用致焉則其罪固已不容於貶矣故公羊曰用者不宜用者也致者不宜致者也禘用致夫人非禮也

論閏月不告朔猶朝于廟文六年

春秋之文同其所以爲文異者君子觀其意之所在
而已矣先儒之論閏月不告朔者牽乎猶朝于廟之
說而莫能以自解也春秋之所以書猶者二曰如此
而猶如此者甚之之詞也辛巳有事于太廟仲遂卒
于垂壬午猶繹是也曰不如此而猶如此者幸之之
詞也不郊猶三望閏月不告朔猶朝于廟是也夫子
傷周道之殘缺而禮樂文章之壞也故區區焉掇拾
其遺亡以爲其全不可得而見矣得見一二斯可矣
故書曰猶朝于廟者傷其不告朔而幸其猶朝于廟
也夫子之時告朔之禮亡矣而有餼羊者存焉夫子

猶不忍去以志周公之典則其朝于廟者乃不如餼羊之足存歟公羊傳曰曷為不言告朔天無是月也穀梁傳曰閏月者附月之餘日也天子不以告朔而喪事不數也而皆曰猶者可以已也是以其幸之之詞而為甚之之詞宜其為此異端之說也且夫天子諸侯之所為告朔聽政者以為天歟為民歟天無是月而民無是月歟彼其孝子之心不欲因閏月以廢喪紀而人君乃欲假此以廢政事歟夫周禮樂之衰豈一日之故有人焉開其端而莫之禁故其漸遂至於掃地而不可救文十六年夏六月公四不視朔公

羊傳曰公有疾也何言乎公有疾不視朔自是公無疾不視朔也故夫有疾而不視朔者無疾而不視朔之原也閏月而不告朔者常月而不告朔之端也聖人憂焉故謹而書之所以記禮之所由廢也左氏傳曰閏以正時時以作事事以厚生生民之道於是乎在不告閏朔棄時政也何以為民而杜預以為雖朝于廟則如勿朝以釋經之所書猶之意是亦曲而不通矣

論用郊 成十七年

先儒之論或曰魯郊僭也春秋譏焉非也魯郊僭也

而春秋之所譏者當其罪也賜魯以天子之禮樂者
成王也受天子之禮樂者伯禽也春秋之譏魯郊也
上則譏成王次則譏伯禽成王伯禽不見於春秋而
夫子無所致其譏也無所致其譏而不譏者春秋之
所以求信於天下也夫以魯而僭天子之郊其罪惡
如此之著也夫子以為無所致其譏而不譏焉則其
譏之者固天下之所用而信之也郊之書於春秋者
其類有三書卜郊不從乃免牲者譏卜常祀而不譏
郊也鼷鼠食郊牛角郊牛之口傷改卜牛者譏養牲
之不謹而不譏郊也書四月五月九月郊者譏郊之

不時而不譏郊也非卜常祀非養牲之不謹非郊之不時則不書不書則不譏也禘于太廟者為致夫人而書也有事于太廟者為仲遂卒而書也春秋之書郊者猶此而已故曰不譏郊也郊祀者先王之大典而夫子不得見之於周也故因魯之所有天子之禮樂而記郊之變焉耳成十七年九月辛丑用郊公羊傳曰用者不宜用者也九月非所用郊也穀梁傳曰夏之始猶可以承春以秋之末承春之始蓋不可矣且夫郊未有至九月者也曰用者著其不時之甚也杜預以為用郊從史文或說用然後郊者皆無取焉

論會于澶淵宋災故 襄三十年

春秋之時忠信之道鈌大國無厭而小國屢叛朝戰而夕盟朝盟而夕會夫子蓋厭之矣觀周之盛時大宗伯所制朝覲會同之禮各有遠近之差遠不至於踈而相忘近不至於數而相瀆春秋之際何其亂也故曰春秋之盟無信盟也春秋之會無義會也雖然紛紛者天下皆是也夫子將譏之而以爲不可以勝譏之也故擇其甚者而譏焉桓二年會于稷以成宋亂襄三十年會于澶淵宋災故皆以深譏而切責之也春秋之書會多矣書其所會而不書其所以會書

其所以會桓之稷襄之澶淵而已矣宋督之亂諸侯
將討之桓公平之不義孰甚焉宋之災諸侯之大夫
會以謀歸其財既而無歸不信孰甚焉非不義不信
之甚春秋之譏不至於此也左氏之論得其正矣皆
諸侯之大夫而書曰某人某人會于澶淵宋災故尤
之也不書魯大夫諱之也且夫見鄰國之災匍匐而
救之者仁人君子之心也既言而忘之既約而背之
委巷小人之事也故書其始之爲君子仁人之心而
後可以見後之爲委巷小人之事春秋之意蓋明白
如此而公羊傳曰會未有言其所爲者此言其所爲

何録伯姬也且春秋爲女子之不得其所而死區區焉爲人之死録之是何夫子之志不廣也穀梁曰不言災故則無以見其爲善澶淵之會中國不侵夷狄夷狄不入中國無侵伐八年善之也晉趙武楚屈建之力也如穀梁之說宋之盟可謂善矣其不曰息兵故何也嗚呼左氏得其正矣

論黒肱以濫來奔 昭三十一年

諸侯之義守先君之封土而不敢有失也守天子之疆界而不敢有過也故夫以力而相奪以兵而相侵者春秋之所謂暴君也侵之雖不以兵奪之雖不以

力而得之不義者春秋之所謂汙君也鄭伯以璧假許田晉侯使韓穿来言汶陽之田歸之于齊此諸侯之以不義而取魯田者也邾庶其以漆閭丘来奔莒牟夷以防茲来奔黑肱以濫来奔此魯之以不義而取諸侯之田者也諸侯以不義而取魯田魯以不義而取諸侯之田皆不容於春秋者也夫子之於庶其牟夷黑肱也責之薄而於魯也罪之深彼其竊邑叛君為穿窬之事市人屠沽且羞言之而安足以重辱君子之譏哉夫魯周公之後守天子之東藩招聚小國叛亡之臣與之為盜竊之事孔子悲傷而悼痛之

故於三叛之人具文直書而無隱諱之詞蓋其罪魯之深也先儒之說區區於叛人之過惡其論固已狹矣且夫春秋豈為穿窬盜竊之人而作哉使天下之諸侯皆莫肯容夫如此之人而穿窬盜竊之事將不禁而自絶此春秋之所以用意於其本也左氏曰或求名而不得或欲蓋而名彰書齊豹盜三叛人名而公羊之說最為踈謬以為叔術之後而通濫於天下故不繫黑肱於邾嗚呼誰謂孔子而賢叔術耶蓋嘗論之黑肱之不繫邾也意其若欒盈之不繫于晉歟欒盈既奔齊而還入曲沃以叛故書曰欒盈入于晉

黑肱或者既絶于邾而歸竊其邑以叛歟當時之簡牘既亡其詳不可得而聞矣然以類而求之或亦然歟穀梁曰不言邾别乎邾也不言濫子非天子之所封也此尤迂闊而不可用矣

論春秋變周之文 何休解

二家之傳迂誕奇怪之説公羊爲多而何休又從而附成之後之言春秋者黜周王魯之學與夫讖諱之書者皆祖公羊公羊無明文何休因其近似而附成之愚以爲何休公羊之罪人也凡所謂春秋變周之文從商之質者皆出於何氏愚未嘗觀焉滕侯薛侯

来朝齊侯使其弟年来聘何休曰質家親親故先滕
侯而加録齊侯之母弟且夫親親者周道也先宗盟
而後異姓者周制也鄭忽出奔衛公羊傳曰忽何以
名春秋伯子男一也詞無所貶何休曰商爵三等春
秋變周五等之爵而從焉記曰諸侯失地名而文十
二年郕伯来奔公羊亦曰何以不名兄弟詞也忽之
出奔其為失國豈不甚明而春秋獨無貶哉雖然公
羊何為而為此說也春秋未踰年之君皆稱子而忽
獨不然此公羊之所以為此說也且春秋之書夫豈
一槩衛宣未葬而嗣子稱侯以出會書曰及宋公衛

侯燕人戰鄭忽外之無援內之無黨一夫作難奔走無告鄭人賤之故赴以名書曰鄭忽出奔衛侯未踰年之君也鄭忽亦未踰年之君也因其自侯而侯之因其自名而名之皆所以繼常而不譏也且夫以例而求春秋者乃愚儒之事也孔子行夏之時乘殷之輅服周之冕又曰郁郁乎文哉吾從周由此觀之夫子皆有取於三代而周居多焉況乎採周公之集以作春秋而曰繼周之文者吾不信也

東坡續集卷第八

[illegible]

重刊明成化本東坡七集

東坡續集卷第九

策問三首

昔人有言鄒魯守經學齊楚多辨智韓魏時有奇節自漢以来豪傑之士多出山東西國家承平百年文武並用所以輔成人才者可謂至矣而五路學者尚未逮古豈山川氣俗有今昔之殊將教養課試之法未得其要各以所習之經聞于師者著于篇

古者有勸農之官力田之科與孝弟同而自漢以来率用户口登耗黜陟守宰今民去南畝而游市井者官不禁載耒耜而適四方者關不譏也户口盈縮無

宫都圖書館藏書之章

復賞罰此豈治世所當然耶今欲依古義爲農桑之政計户口而爲考課之法而議者或以爲毋益有擾有司惑焉當何施而可

古者禮刑相爲表裏禮之所去刑之所取詩曰淑問如皐陶在泮獻囚而漢之盛時儒者皆以春秋斷獄今世因人以立事因事以立法事無窮而法日新則唐之律令有失於本矣而况禮與春秋儒者之論乎、夫欲追世俗而忘返則教化日微泥經術而爲斷則人情不安顧聞所以折衷於斯二者

私試策問一首

問任人而不任法則法簡而人重任法而不任人則
法繁而人輕法簡而人重其弊也請謁公行而威勢
下移法繁而人輕其弊也人得苟免而賢不肖均此
古今之通患也夫欲人法並用輕重相持當安所折
衷使近古而宜今有益而無損乎今舉於禮部者皆
用糊名易書之法選於吏部者皆用長守不易之格
六卿之長不得一用其意而胥吏姦人皆出沒其間
此豈治世之法哉如使有司皆若唐以前得自以其
意進退天下士大夫官吏恣擅流言紛紜之害將何
以止之夫古之人何修而免於此夫豈無術不講故

也願聞其詳

擬殿試策問

皇帝若曰嗚呼維天佑民實相乃后錫以多士咸造在廷顧朕不德何以致此永惟子大夫釋畎畝之安輕千里之遠而從朕遊者夫豈為利禄抑聞之於師而欲獻之於君修之於家而欲刑之於國者子大夫之本意也朕願聞之朕即位改元于今三年縱未及孔子之有成猶當庶幾於子路之言有勇且知方者而風俗未厚刑政未清陰陽未和厥咎安在朕虛心忘己以來衆言而朝廷闕失之政斯民利害之實有

所未聞含垢藏疾以待四夷而羌戎未敘兵不得解施舍已責捐利與民而農民未安商旅不行此三者朕之所疑日夜以思而未獲者也其悉言之無有所隱朕將親覽焉

策

禹之所以通水之法

自禹而下至於秦千有餘年瀕河之民班白而不識濡足之患自漢而下至於今數千年河之爲患緜緜而不絕豈聖人之功烈至漢而熄哉方戰國之用兵國于河之壖者三晉爲多而魏文侯時白圭治水最

為有功而孟子譏其以鄰國為壑自是之後或決以
攻或溝以守新防交興而舊道旋失然聖人之跡尚
可以訪之於耆老秦不亟治而遺患於漢漢之法又
不足守夫禹之時四瀆唯河最難治以難治之水而
用不足守之法故歷數千年而莫能以止也聖人哀
憐生民謀諸廊廟之上左右輔弼之臣又訪諸布衣
之閒苟有所懷孰敢不盡蓋陸人不能舟而沒人未
嘗見舟而便操之親被其患知之宜詳當今莫若訪
之海濱之老民而興天下之水學古者將有決塞之
事必使通知經術之臣計其利害又使水工行視地

勢不得其工不可以濟也故夫三十餘年之間而無一人能興水利者其學亡也禹貢之說非其詳矣然而高下之勢先後之次水之大小與其蓄洩之宜而致力之多少亦可以槩見大抵先其高而後低下始於北之冀州而東至於青徐南至於荊揚而西訖於梁雍之間江河淮泗既平而衡漳涇水伊洛瀍澗之屬亦從而治濬畎澮導九川豬大野陂九澤而蓄洩之勢便兗州作十三載而嵎夷既略故其用力各有多少之宜此其凡也孟子曰禹之治水也水由地中行此禹之所以通其法也愚竊以為治河之要宜推

其理而酌之以人情河水湍悍雖亦其性然非堤防激而作之其勢不至如此古者河之側無居民棄其地以為水委今也堤之而廬民其上所謂愛尺寸而忘千里也故曰堤防省而水患衰其理然也

脩廢官舉逸民

古者民羣而歸君君擇臣而教其民其初蓋甚簡也唐虞以来頗可見矣歷夏商至周法令日滋而官亦随益故其數三百六十蓋亦有不得已也書曰唐虞稽古建官惟百又曰夏商官倍亦克用乂言其官雖多於古而天下亦以治也周之衰也宣王振之䖍為

中興而重黎之後失其守而為司馬氏陵遲至孔子之時周公之典蓋壞矣卿世卿大夫世大夫而賢者無以進孔子慨然而嘆欲脩廢官舉逸民以歸天下之心行四方之政而春秋亦譏世祿之臣蓋傷時之至也自秦更三代之制官秩一變漢循其舊往往增置歷世沿襲以至于今遂為大備愚恐冗局之耗民而未知廢官之可舉也然古之官其名存其實亡者多矣司農卿不責以金穀之虛贏尚書令不問以百官之殿最此豈非王體之重歟國家自天聖中詔天下以經術古文為事自是博學之君子莫不群進於有

司然所以待之之禮未盡故潔廉難合之士尚未盡
出今優其禮而天下之逸民至矣且夫山嵒林谷之
士雖有豪傑之才固未知有簿書吏事也而剛毅訐
直不識諱忌故先王置之拾遺補闕之間此其屬任
之方也噫自孔子沒世之君子安其富貴而不復思
念天下有廢而不脩之官逸而不舉之民今明策丁
寧而求之以發孔子千載之長憂此天下之幸也

天子六軍之制

周禮之言田賦夫家車徒之數聖王之制也其言五
等之君封國之大小非聖人之制也戰國所增之文

也何以言之按鄭氏說武王之時周地狹小故諸侯之封及百里而止周公征伐不服斥大中國故大封諸侯而諸公之地至五百里不知武王之時何國不服而周公之所征伐者誰也東征之役見于詩書豈其廓地千里而史不載耶此甚可疑也周之初諸侯八百春秋之世存者無數十鄭子産有言古者大國百里今晉楚千乘若無侵小何以至此子産之博物其言宜可信先儒或以周禮為戰國陰謀之書亦有以也王制公侯百里伯七十里子男五十里而孟子之說亦如此此三代之通法魯之車千乘僭也春秋

大蒐大閱皆以譏書言其車之多徒之衆非魯之所宜有故曰大也夫周之制四丘爲甸甸出長轂一乘魯之無千甸之封亦明矣然公車千乘之見于詩何也孟子曰說詩者不以文害辭不以辭害意天子之馬止於十二閑而詩有騋牝三千美其富不譏其僭不害其爲詩也夫千乘之積雖爲七萬五千人而有羨卒處其半焉故三萬者公徒而已魯襄公之十一年初作三軍僖公之世未至於三萬愚又疑夫詩人張而大之也

休兵久矣而國用益困

中國之有夷狄之患猶人之有手足之疾也不忍藥石之苦針砭之傷一旦流而入於骨髓則愚恐其苦之不止於藥石而傷之不止於針砭也中國以禽獸視二虜故每歲啖以厚利使就羈紲聖人之愛中國而不欲殘民之心古未嘗有矣然夷狄貪惏漸不可啓日富日驕久亦難制故自寶元以來賦歛日繁雖休兵十有餘年而民適以困者潛削而不知也昔先皇帝震怒舉大兵問罪匈奴師不踰時而醜虜就盟西夏之役邊臣治兵振旅不及數年旋亦解甲彼其時之費與今無已之賂不可以同日而語矣天子恭

儉過於文景百官奉法無敢踰僭而二虜者實殘吾民此天下雄俊英偉之士所以搤腕而太息也且夫舉天下之大而誅數縣之虜故上下交足而内外莫不驩欣棄有限之財而塞無厭之心故取於民者愈多而藏於國者愈急此天下之所明知而易達之理惟上之人實圖之

關隴游民私鑄錢與江淮漕卒為盜之由

三代之所以養民者備矣農力耕而食工作器而用商賈資焉而通之於天下其食無不義之食也其器無不義之器也商賈通之而不以不義資之也夫以

飲食器用之利而皆以義得焉使民之所以要利者非義無由也後之世賦取無度貨幣無法義窮而詐勝夫三代之民非誠好義也使天下之利皆出於義而民莫不好也後之所以使民要利者非詐無由也是故法令日滋而弊益煩刑禁甚嚴而姦不可止嗚呼久矣其如此也治其本朝令而夕從救其末百世不改也私鑄之弊始於錢輕使錢之直若金之直雖賞之不為也今秦蜀之中又裂紙以為幣符信一加化土芥以為金玉奈何其使民不奔而效之也夫樂生而惡死者天下之至情也我且以死拘之然猶相

繼而赴於市者饑寒驅其中而無以自生也曰等死耳而或免焉漕卒之慾生於窮乏而無告家乎舟楫之上長子孫乎江淮之間布褐不完藜藿不給大冬積雪水之至涸而龜手爛足者累歲不得代不爲盜賊無所逞志若稍優其給而代其勞宜亦衰息耳夫見利而不動者伯夷叔齊之事也窮困而不爲不義者顔淵之事也以伯夷叔齊顔淵之事而求之無知之民亦已過矣故夫廷尉大農之所患者非民之罪也非兵之罪也上之人之過也

經説

南省說書十道

問供養三德為善

對易者聖人所以盡人情之變而非所以求神於卜筮也自孔子沒學者惑乎異端之說而左丘明之論尤為可怪使夫伏羲文王孔子之所盡心焉者流而入于卜筮之事甚可憫也若夫季友豎牛之事若親見而指言之固君子之所不取矣雖然南蒯之說頗為近正其卦遇坤之比而其繇曰黄裳元吉黄者中之色也裳者下之飾也元者善之長也夫以中庸之道守之以謙抑之心而行之以體仁之德以為文王

之兆無以過此矣雖然君子視其人觀其德而吉凶生焉故南蒯之筮也遇坤之比而不祥莫大焉且夫負販之夫朝而作暮而息其望不過一金之儲使之無故而得千金則狂惑而喪志夫以南蒯而得文王之兆安得不狂惑而喪志哉故曰供養三德為善又曰參成可筮而南蒯無以勝之所以使後世知夫卜筮之不可恃也穆姜筮于東宮遇艮之八史曰是謂艮之隨其繇曰元亨利貞而穆姜亦知其無以當之故左氏之論易唯南蒯穆姜之事為近正而其餘者君子之所不取也杜預之論得之矣以為洪範稽疑

之說通龜筮以同鄉士之數學者觀夫左氏之書而
正之以杜氏之說庶乎其可也謹對

問小雅周之衰

對詩之中唯周最備而周之興廢於詩爲詳蓋其道
始於閨門父子之間而施及乎君臣之際以被冒乎
天下者存乎二南后稷公劉文武創業之艱難而幽
厲失道之漸存乎二雅成王纂承文武之烈而禮樂
文章之備存乎頌其愈削而至夷于諸侯者在乎王
黍離蓋周道之盛衰可以備見於此矣小雅者言王
政之小而兼陳乎其盛衰之際者也夫周雖衰文武

之業未墜而宣王又從而中興之故雖怨刺並興而未列於國風者以爲猶有王政存焉故曰小雅者無乎周之盛衰者也昔之言者皆得其偏而未備也季札觀周樂歌小雅曰其周之衰乎文中子曰小雅烏乎衰其周之盛乎札之所謂衰者蓋其當時親見周之衰而不覩乎文武成康之盛也文中子之所謂盛者言文武之餘烈歷數百年而未忘雖其子孫之微而天下猶或宗周也故曰二子者皆得其偏而未備也太史公曰國風好色而不淫小雅怨誹而不亂當周之衰雖君子不能無怨要在不至於亂而已文中

子以為周之全盛不已過乎故通乎二子之說而小雅之道備矣謹對

問君子能補過

對甚哉聖人待天下之通且恕也朝而為盜跖莫而為伯夷聖人不棄也孟僖子之過也其悔亦晚矣雖然聖人不棄也曰猶愈乎卒而不知悔者也孟僖子之過可悲也已仲尼之少也賤天下莫知其為聖人魯人曰此吾東家丘也又曰此鄹人之子也楚之子西齊之晏嬰皆當時之所謂賢人君子也其言曰孔丘之道迂闊而不可用況夫三桓之間而孰知夫有

僖子之賢哉僖子之病也告其子曰孔丘聖人之後也其先正考甫三命益恭而弗父何以有宋而授厲公華父督之亂無罪而絕於宋其後必有聖人今孔丘博學而好禮殆其是歟爾必往師之以學禮嗚呼孔子用於魯三月而齊人畏其霸以僖子之賢而知夫子之爲聖人也使之未亡而授之以政則魯作東周矣故曰孟僖子之過可悲也已雖然夫子之道充乎天下者自僖子始懿子學乎仲尼請於魯君而與之車使適周而觀禮焉而聖人之業然後大備僖子之功雖不能用之於未亡之前而猶能救之於已沒

之後左丘明懼後世不知夫僖子之功也故丁寧而
稱之以爲補過之君子昔仲虺言湯之德曰改過不
吝夫以聖人而不稱其無過之爲能而稱其改之爲
善然則補過者聖人之徒歟孟僖子者聖人之徒也
謹對

問侵伐土地分民何以明正

對三傳侵伐之例非正也左氏有鍾鼓曰伐無曰侵
公羊觕曰侵精曰伐穀梁包人民敺牛馬曰侵斬樹
木壞宮室曰伐愚以謂有隙曰侵有辭曰伐齊桓公
侵蔡隙也蔡潰遂伐楚辭也司馬九伐之法負固不

服則侵之賊賢害民則伐之然則負固不服者近乎隙賊賢害民者近乎辭周之衰也諸侯相吞而先王之疆理城廓蓋壞矣故侵伐之間夫子尤謹而書之蓋古者有分土而無分民諸侯之侵地者猶不容於春秋而況包人民駈牛馬乎桓公侵蔡不書所侵之地者侵之無辭也楚子入陳鄉取一人謂之夏州春秋略而不書以謂駈民之非正也嗚呼春秋之際非獨諸侯之相侵也晉侯取天子之田而陽樊之人不服愚又知春秋之不忍書乎此也謹對

閏魯猶三望

對先儒論書猶之義者可以已也愚以為不然春秋之所以書猶者二曰如此而猶如此者甚之之辭也公子遂如齊至黃乃復辛巳有事於太廟仲遂卒于垂壬午猶繹萬入去籥是也曰不如此而猶如此者幸之之辭也閏月不告月猶朝于廟不郊猶三望是也夫子傷周道之衰禮樂文章之壞而莫或救之也故區區焉掇拾其遺亡以為其全不可得而見矣得見一二斯可矣故閏月不告月猶朝于廟者憫其不告月而幸其猶朝于廟也不郊猶三望者傷其不郊而幸其猶三望也夫郊祀者先王之大典而夫子不

得親見之於周也故因魯之所行郊祀之禮而備言之耳春秋之書三望者皆爲不郊而書也或卜郊不從乃免牲猶三望或郊牛之口傷改卜牛牛死乃不郊猶三望穀梁傳曰乃者亡乎人之辭也猶者可以已之辭也且夫魯雖不郊而猶有三望者存焉此夫子之所以存周之遺典也若曰可以已則是周之遺典絶矣或曰魯郊僭也而夫子何存焉曰魯郊僭也而夫子不譏夫子之所譏者當其罪也賜魯以天子之禮樂者成王也受天子之禮樂者伯禽也春秋而譏魯郊也上則譏成王次則譏伯禽成王伯禽不見

于經而夫子何譏焉故曰猶三望者所以存周之遺典也范甯以三望為海岱淮公羊以為太山河海而杜預之説最備曰分野之星及國中山川皆因郊而望祭之此説宜可用謹對

閶魯作丘甲

對先王之為天下也不求民以其所不為不強民以其所不能故其民優游而樂易周之盛時其所以賦取於民者莫不有法故民不告勞而上不闕用及其衰也諸侯恣行其所以賦取於民者唯其所欲而刑罰隨之故其民至於窮而無告夫民之為農而責之

以工也是猶居山者而責之以舟楫也魯成公作丘
甲而春秋譏焉穀梁傳曰古者農工各有職甲非人
人之所能為也丘作甲非正也而杜預以為古者四
丘為甸甸出長轂一乘戎馬四匹牛十二頭甲士三
人步卒七十二人而魯使丘出之也夫四丘而後為
甸魯雖重歛安至於四倍而取之哉哀公用田賦曰
二吾猶不足而夫子譏其殘民之甚未有四倍而取
者也且夫變古易常者春秋之所譏也故書作三軍
舍中軍初稅畝作丘甲用田賦者皆所以譏政令之
所由變也而穀梁杜氏之說如此之相戾安得不辨

其失而歸之正哉故愚曰穀梁之說是謹對

問雩月何以為正

對雩者先王所以存夫愛民之心而已也天之應乎人君者以其德不以其言也人君脩其德使之無愧乎其中而又何禱也雖然當歲之旱也聖人不忍安坐而視民之無告故為之雩雩者先王之所以存夫愛人之心而已也為傳者不達乎此而為是非紛紛之論亦可笑矣穀梁傳曰月雩正也秋大雩非正也冬大雩非正也月雩之為正何也其時窮人力盡是月不雨則無及矣雩之必待其時窮人力盡何也雩

者為旱請也古人之重請以為非讓也嗚呼為民之父母安視其急而曰毛澤未盡人力未竭以行其區區之讓哉愚以為凡書雩者記旱也一月之旱故雩書月一時之旱故雩書時書雩之例時月而不日唯昭公之末年八月上辛大雩季辛又雩而昭公之雩非旱雩也公羊以為又雩者聚衆以逐季氏然則旱雩之例亦可見矣傳例曰凡災異歷日者月歷月者時歷時者加日又雩記旱也旱記災也故愚以此為例謹對

問大夫無遂事

對春秋之書遂一也而有善惡存焉君子觀其當時之實而已矣利害出於一時而制之於千里之外當此之時而不遂君子以爲固上之不足以利國下之不足以利民可以復命而後請當此之時而遂君子以爲專專者固所貶也而固者亦所譏也故曰春秋之書遂一也而有善惡存焉君子觀其當時之實而已矣公子結媵陳人之婦于鄄遂及齊侯宋公盟公羊傳曰媵不書此何以書以其有遂事書大夫無遂事此其言遂何大夫出疆有可以安國家利社稷則專之可也公子遂如周遂如晉公羊亦曰大夫無遂

事此其言遂何公不得為政也其書遂一也而善惡如此之相遠豈可以不察其實哉春秋者後世所以學為臣之法也謂遂之不譏則愚恐後之為臣者流而為專謂遂之皆譏則愚恐後之為臣者執而為固故曰觀乎當時之實而已矣西漢之法有矯詔之罪而當時之名臣皆引此以為據若汲黯開倉以賑飢民陳湯發兵以誅郅支若此者專之可也不然獲罪於春秋矣謹對

問定何以無正月

對始終授受之際春秋之所甚謹也無事而書首時

事在二月而書王二月事在三月而書王三月者例也至於公之始年雖有二月三月之書而又特書正月隱元年春王正月三月公及邾儀父盟于蔑莊元年春王正月三月夫人孫于齊所以揭天子之正朔而正諸侯之始也公羊傳曰緣民臣之心不可一日無君緣始終之義一年不二君不可曠年無君故諸侯皆踰年即位而書正月定公元年書曰王三月晉人執宋仲幾于京師先儒疑焉而未得其當也嘗試論之春秋十有二公其得終始之正而備即位之禮者四文公成公襄公哀公也攝而立不得備即位之

禮者一隱公也先君不以其道終而已不得備即位之禮者六桓公莊公閔公僖公宣公昭公也先君不以其道終而又在外者二莊公定公也在外踰年而後至者一定公也且夫先君雖在外不以其道終然未嘗有踰年而後至者則是二百四十二年未嘗一日無君而定公之元年魯之統絶者自正月至于六月而後續也正月者正其君也昭公未至定公未立季氏當國而天子之正朔將誰正耶此定之所以無正月也公羊傳曰正月者正即位也定無正月者即位後也定哀多微辭而何休以為昭公出奔國當絶

定公不得繼體奉正故諱為微詞嗚呼昭公絶而定公又不得立是魯遂無君矣穀梁以為昭無正終故定無正始觀莊公元年書正則不言而知其妄矣謹對

問初稅畝

對古者公田曰籍籍借也言其借民力以治此也詩曰雨我公田遂及我私言民之必先公田也傳曰私田稼不善則非吏公田稼不善則非民言上之必卹私田也民先其公而上卹其私故民不勞而上是用也宣公無恩信於民民不肯盡力於公田故按行擇

其善畝而稅之公羊傳曰稅畝者何履畝而稅也夫民不盡力於公田者上之過也宣公不責己悔過擇其善畝而稅之宜其民之謗讟而災異之作也稅畝之明年冬蝝生公羊傳曰蝝生不書此何以書幸之也猶曰受之云爾上變古易常應是而有天災其諸則宜於此焉變矣何休以爲宣公懼災復古故其後大有年愚以爲非也按春秋書作三軍後又書舍中軍書躋僖公後又書從祀先公事之復正未嘗不書宣公而果復古也春秋當有不稅畝之書故何休之說愚不信也謹對

易解 十八變而成卦 八變而成小卦

四營為一變三變而一爻六爻為十八變也三變之餘四數之得九為老陽得六為老陰得七為少陽得八為少陰故乾之策二百一十有六坤之策百四十有四取老而言也九九六為老七八為少其說未之聞也或曰陽極於九其次則七也極者為老其次為少則當老於十而少於八也曰陰不可加於陽故十不用十不用猶當老於八而少於六也則又曰陽順而上其成數極於九陰逆而下其成數極於六自下而上陰陽均也稺於子午而壯於巳亥始於復姤而

終於乾坤者陰猶陽也曷嘗有進其而退陰與逆順
之別乎且夫自然而然者天地且不能知而聖人豈
得與於其間而制其予奪哉惟唐一行之學則不然
以為易固言之矣十有八變而成卦八卦而小成則
十八變之間有八卦焉人莫之思也變之初有多少
其一變也不五則九其二與三也不四則八八與九為
多五與四為少多少者奇耦之象也三變皆少則乾
之象也乾所以為老陽而四數其餘得九故以九名
之三變皆多則坤之象也坤所以為老陰而四數其
餘得六故以六名之三變而少者一則震坎艮之象

也震坎艮所以爲少陽而四數其餘得七故以七名之三變而多者一則巽离兊之象也巽离兊所以爲少陰而四數其餘得八故以八名之故七八九六者因餘數以名陰陽而陰陽之所以爲老少者不在是而在乎三變之間八卦之象也此唐一行之學也

奏議

郊祀奏議

劄子奏臣伏見九月二十二日詔書節文俟郊禮畢集官詳議設一作祠皇地祇事及郊祀之歳廟饗典禮聞奏者臣恭覩陛下近者至日親祀郊廟神祇享

荅實蒙休應然則圜丘合祭允當天地之心不宜復
有改更臣竊惟議者欲變祖宗之舊圜丘祀天而不
祀地不過以謂冬至祀天於南郊陽時陽位也夏至
祀地於北郊陰時陰位也以類求神則陽時陽位不
可以求陰也是大不然冬至南郊既祀上帝則天地
百神莫不從也古者秋分夕月於西郊亦可謂陰位
矣至於從祀上帝則以冬至而祀月於南郊議者不
以為疑今皇地祇亦從上帝而合祭於圜丘獨以為
不可則過矣書曰肆類于上帝禋于六宗望于山川
徧于群神舜之受禪也自上帝六宗山川群神莫不

畢告而獨不告地祇豈有此理哉武王克商庚戌柴望祡祭上帝也望祭山川也一日之間自上帝而及山川必無南北郊之別也而獨略地祇豈有此理哉臣以知古者祀上帝則幷祀地祇矣何以明之詩之序曰昊天有成命郊祀天地也此乃合祭天地經之明文而說者乃以比之豐年秋冬報也曰秋冬各報而皆歌豐年則天地各祀而皆歌昊天有成命也是大不然豐年之詩曰豐年多黍多稌亦有高廩萬億及秭為酒為醴烝畀祖妣以洽百禮降福孔皆歌於秋可也歌於冬亦可也昊天有成命之詩曰昊天有

成命二后受之成王不敢康夙夜基命宥密於緝熙單厥心肆其靖之終篇言天而不及地頌所以告神明也未有歌其所不祭祭其所不歌也今祭地於北郊歌天而不歌地豈有此理也臣以此知周之世祀上帝則地祇在焉歌天而不歌地所以尊上帝故其序曰郊祀天地也春秋書不郊猶三望左氏傳曰望郊之細也說者曰三望太山河海或曰淮海也又或曰分野之星及山川也魯諸侯也故郊之細及其分野山川而已周有天下則郊之細獨不及五嶽四瀆乎嶽瀆猶得從祀而地祇獨不得合祭乎秦燔詩書

經籍散亡學者各以意推類而已王鄭賈服之流未必皆得其真臣以詩書春秋攷之則天地合祭久矣議者乃謂合祭天地始於王莽以為不足法臣竊謂禮當論其是非不當以人廢光武皇帝親誅莽者也尚采用元始合祭故事謹按後漢書郊祀志建武二年初制郊兆於洛陽為圓壇八陛中又為重壇天地位其上皆南向西上此則漢世合祭天地之明驗也又按水經注伊水東北至洛陽縣圓丘東大魏郊天之所準漢故事為圓壇八陛中又為重壇天地位其上此則魏世合祭天地之明驗也唐睿宗將有事於

南郊賈曾議曰有虞氏禘黄帝而郊嚳夏后氏禘黄帝而郊鯀郊之與廟皆有禘禘于廟則祖宗合食於太祖禘于郊則地祇群望皆合於圜丘以始祖配享蓋有事祭非常祀也三輔故事祭於圜丘上帝后土位皆南面則漢甞合祭矣時褚元量郭山惲等皆以曾言為然明皇天寶元年二月勑曰凡所祠享必在躬親朕不親祭禮將有闕其皇地祇宜如南郊合祭是月二十日合祭天地於南郊自後有事于圜丘皆合祭此則唐世合祭天地之明驗也今議者欲冬至祀天夏至祀地蓋以為用周禮也臣請言周禮與今

禮之別古者一歲祀天者三明堂享帝者一四時迎氣者五祭地者二享宗廟者四凡此十五者皆天子親祭也而又朝日夕月四望山川社稷五祀及群小祀之類亦皆親祭此周禮也　太祖皇帝受天眷命肇造宋室建隆初郊先享宗廟並祀天地自　真宗以來三歲一郊必先有事景靈徧享太廟乃祀天地此國朝之禮也夫周之禮親祭如彼其多而歲行之不以為難今之禮親祭如此其少而三歲一行不以為易其故何也古者天子出入儀物不繁兵衛甚簡用財有節而宗廟在大門之内朝諸侯出爵賞必於太廟

不止時祭而已天子所治不過王畿千里唯以齋祭禮樂爲政事能守此則天下服矣是故歲歲行之率以爲常至於後世海内爲一四方萬里皆聽命於上機務之繁萬倍於古日力有不能給自秦漢已来天子儀物日以滋多有加無損以至于今非復如古之簡易也今所行皆非周禮三年一郊非周禮也先郊二日而告原廟一日而祭太廟非周禮也郊而肆赦非周禮也優賞諸軍非周禮也自后妃以下至文武官皆得廕補親屬非周禮也自宰相宗室以下至百官皆有賜賚非周禮也此皆不改而獨於地祇則曰

周禮不當祭於圜丘此何義也議者必曰今之寒暑
與古無異而宣王薄伐玁狁六月出師則夏至之日
何爲不可祭乎臣將應之曰舜一歲而巡四岳五月
方暑而南至衡山十一月方寒而北至常山亦今之
寒暑也後世人主能行之乎周所以十二歲一巡者
唯不能如舜也夫周已不能行舜之禮而謂今可以
行周之禮乎天之寒暑雖同而禮之繁簡則異是以
有虞氏之禮夏（一有商字）有所不能行夏商之禮周有所
不能用時不同故也宣王以六月出師驅逐玁狁蓋
非得已且吉父爲將王不親行也今欲定一代之禮爲

三歲常行之法豈可以六月出師爲比乎議者必又曰夏至不能行禮則遣官攝祭祀亦有故事此非臣之所知也周禮大宗伯若王不與則攝位鄭氏注曰王有故則代行其祭事賈公彦疏曰有故謂王有疾及哀慘皆是也然則攝事非安吉之禮也後世人主不能歲歲親祭故命有司行事其所從來久矣若親郊之歲遣官攝事是無故而用有故之禮也議者必又曰省去繁文末節則一歲可以再郊臣將應之曰古者以親郊爲常禮故無繁文今世以親郊爲大禮則繁文有不能省也若帷城幔屋盛夏則有風雨

之虞　陛下自宫入廟出郊冠通天乘大輅日中而
舍百官衛兵暴露於道鎧甲具裝人馬喘汗皆非夏
至所能堪也王者父事天母事地不可偏也事天則
備事地則簡是於父母有隆殺也豈得以為繁文末
節而一切欲省去乎國家養兵異於前世自唐之時
未有軍賞猶不能歲歲親祠天子出郊兵衛不可簡
省大輅一動必有賞給今三年一郊傾竭帑藏猶恐
不足郊賚之外豈可復加若一年再賞國力將何以
給分而與之人情豈不失望議者必又曰三年一祀
天又三年一祀地是又非臣之所知也三年一郊已

為踈闊若獨祭地而不祭天是因事地而愈踈於事
天自古未有六年一祀天者如此則典禮愈壞欲復
古而背古愈遠神祇必不顧享非所以為禮也議者
必又曰當郊之歲以十月神州之祭易夏至方澤之
祀則可以免方暑舉事之患此又非臣之所知也夫
所以議此者為欲舉從周禮也今以十月易夏至以
神州代方澤不知此周禮之經耶抑變禮之權耶若
變禮從權而可則合祭圜丘何獨不可十月親祭地
十一月親祭天先地後天古無是禮而一歲再郊軍
國勞費之患尚未免也議者必又曰當郊之歲以夏

至祀地祇於方澤上不親郊而通爟火天子於禁中望祀此又非臣之所知也書之望秩周禮之四望春秋之三望皆謂山川在境内而不在四郊者故遠望而祭也今所在之處俛則見地而云望祭是為京師不見地乎此六議者合祭可否之決也夫漢之郊禮尤與古戾唐亦不能如古本朝祖宗欽崇祭祀儒臣禮官講求損益非不知圜丘方澤皆親祭之為是也蓋以時不可行是故參酌古今上合典禮下合時宜較其所得已多於漢唐矣天地宗廟之祭皆當歲徧今不能歲徧是故徧於三年當郊之歲又不能於一

歲之中再舉大禮是故徧於三日此皆因時制宜雖聖人復起不能易也今並祀不失親祭而北郊則必不能親往二者孰為重乎若一年再郊而遣官攝事是長不親事地矣三年間郊當祀地之歲而暑雨不可親行遣官攝事則是天地皆不親祭也夫分祀天地決非今世之所能行議者不過欲於當郊之歲祀天地宗廟分而為三耳分而為三有三不可夏至之日不可以動大衆舉大禮一也軍賞不可復加二也自有國以来天地宗廟唯享此祭累聖相承唯用此禮此乃神祇所歆祖宗所安不可輕動之則有吉凶

禍福不可不慮三也凡此三者臣熟計之無一可行
之理伏請從舊為便昔西漢之衰元帝納貢禹之言
毀宗廟成帝用丞相衡之議改郊位皆有殃咎著於
史冊往鑒甚明可為寒心伏望　陛下詳覽臣此章
則知合祭天地乃是古今正禮本非權宜不獨初郊
之歲所當施行實為無窮不刊之典願　陛下謹守
太祖建隆　神宗熙寍之禮無更改易郊祀廟享以
敉寍上下神祇仍乞下臣此章付有司集議如有異
論即須畫一解破臣所陳六議使皆屈伏上合周禮
下不為當今軍國之患不可固執更不論當今可與

不可施行所貴嚴祀大典早以時定取進止
貼黃唐制將有事于南郊則先朝獻太清宫朝
享太廟亦如今禮先二日告原廟先一日享太
廟然議者或亦以為非三代之禮臣謹按武王
克商丁未祀周廟庚戌柴望相去三日則先廟
後郊亦三代之禮也奉　聖旨令集議官集議
聞奏

論時政狀

臣聞之益戒于禹曰任賢勿貳去邪勿疑仲虺言湯
之德曰用人惟己改過不吝秦穆喪師于崤悔痛自

誓孔子録之自古聰明豪傑之主如漢高帝唐太宗皆以受諫如流改過不憚號為秦漢以来百王之冠孔子曰君子之過如日月之食焉過也人皆見之更也人皆仰之聖賢舉動明白正直不當如是耶所用之人有邪有正所作之事有是有非是非邪正兩言而是正則用之邪則去之是則行之非則改之此理甚明如飢之必食渴之必飲豈有別生義理曲加粉飾而能欺天下哉書曰與治同道罔不興與亂同事罔不亡　陛下自去歲以来所行新政皆不與治同道立條例司遣青苗使斂助役錢行均輸法四海騷

動行路怨咨自宰相已下皆知其非而不敢爭臣愚
惷不識忌諱乃者上疏論之詳矣而學術淺陋不足
以感動聖明近者故相舊臣藩鎮侍從雜然爭言其
不便以至於臺諫二三人者本其所與締交唱和表
裏之人也然猶不免一言其非者豈非物議沸騰事
勢迫切而不可止歟自非見利忘義居之不疑者孰
肯始終膠固不自湔洗如吳師孟乞免提舉胡宗愈
不顧檢詳如逃垢穢惟恐不脫人情畏惡一至於此
近者中外讙言 陛下已有悔悟意道路相慶如蒙
大賚實望 陛下旬日之間渙發德音洗蕩乖僻追

還使者而罷條例司令者側聽所為蓋不過使監司
體量抑配而已比之未悟所較幾何此孟子所謂知
兄臂之不可紾而姑勸以徐知隣雞之不可攘而月
取其一帝王改過豈如是哉臣又聞　陛下以為此
法且可試之三路臣以為此法譬如醫者之用毒藥
以人之死生試其未效之方三路之民豈非　陛下
赤子而可試以毒藥乎今日之政小用則小敗大用
則大敗若力行而不已則亂亡隨之臣非敢過為危
論以聳動　陛下也自古存亡之所寄者四人而已
一曰民二曰軍三曰吏四曰士四人者一失其心則

足以生變今 陛下一舉而兼犯之青苗助役之法行則農不安均輸之令出則商賈不行而民始憂矣併省諸軍迫逐老病至使戍兵之妻與士卒雜處其間貶殺軍分有司降配遷徙淮甸僅若流放年近五十人人懷憂而軍始怨矣內則不取謀於元臣侍從而專用新進小生外則不責成於守令監司而專用青苗使者多置閑局以擯老成而吏始解體矣 陛下臨軒選士天下謂之龍飛榜而進士一人首削舊恩示不復用所削者一人而已士莫不悵恨者以陛下有厭薄其徒之意也今用事者又欲漸消進士

純取明經雖未有成法而小人招權自以為功更相扇搖以謂必行而士始失望矣今進士半天下自二十以上便不能誦憶注義為明經之學若法令一更則士各懷廢棄之憂而人才短長終不在此昔秦禁挾書而諸生皆抱其業以歸勝廣相與出力而亡秦者豈有他哉亦徒以失業而無歸也故臣願　陛下勿復言此民憂軍怨吏解體而士失望禍亂之源有大於此者乎今未見也一日有急則致命之士必寡矣方是之時不知希合苟容之徒能為　陛下收拔蕩而止土崩乎去歲諸軍之始併也左右之人皆以

士心樂併告　陛下近者放停軍人李興告虎翼史
率錢行賂以求不併則士卒不樂可知矣夫諂諛之
人苟務合意不憚欺罔者類皆如此故凡言百姓樂
請青苗錢樂出助役錢者皆不可信　陛下以為青
苗抑配果可禁乎不惟不可禁乃不當禁也何以言
之若此錢放而不收則州縣官吏不免責罰若此錢
果不抑配則顩請之户後必難收前有抑配之禁後
有失陷之罰為　陛下官吏不亦難乎故臣以為既
行青苗錢一作使則不當禁抑配其勢然也人皆謂
陛下聖明神武必能徙義修慝以致太平而近日之

事乃有文過遂非之風此臣之所以憤懣太息而不能已也昔賈充用事天下憂恐而庾純任愷勠力排之及充出鎮秦涼忠臣義士莫不相慶屈指數日以望惟新之化而馮紞之徒更相告曰賈公遠放吾等失勢矣於是相與獻謀而充復留則晉氏之亂成於此矣自古惟小人為難去何則去一人而其黨莫不破壞是以為之計謀游說者衆也今天下賢者亦將以此觀　陛下為進退之決或再失望則知幾之士相率而逝矣豈皆如臣等輩偷安懷禄而不忍去哉猖狂不遜忤　陛下多矣不敢復望寬赦俯伏引領

以待誅殛

辨謗劄子

臣今月七日見臣弟轍與臣言趙君錫賈易言臣於元豐八年五月一日題詩揚州僧寺欣幸先帝上僊之意臣今省憶此詩自有因依今具陳述臣於是歲三月六日在南京聞先帝遺詔舉哀掛服了當迤邐往常州是時新經大變臣子之心孰不憂懼至五月閒因往揚州竹西寺見百姓父老十數人相與道傍語笑其閒一人以兩手加額云見説好箇少年官家一作帝其言雖鄙俗不典然臣實喜聞百姓謳歌吾君

之子出於至誠又是時臣得請歸耕常州盖將老焉而淮浙間所在豐熟因作詩云此身已覺都無事今歲仍逢大有年山寺歸来聞好語野花啼鳥亦欣然蓋喜聞此語故竊記之於詩書之當道僧舍壁上臣若稍有不善之意豈敢復書壁上以示人乎又其時去先帝上僊已及兩月決非山寺歸来始聞之語事理明白無人不知而君錫等輙敢挾情公然誣罔伏乞付外施行稍正國法所貴今後臣子不為仇人無故加以惡逆之罪取進止

奏狀

準尚書省劄子蘇軾元豐八年五月一日於揚州僧
寺留題詩一首八月八日三省同奉　聖旨令蘇軾
具留題因依實封聞奏
右臣所有前件詩留題因依臣已於今日早具劄子
奏聞訖乞檢會降付三省施行謹録奏聞伏候
勑旨

縣榜附一本作書濟衆方後

先朝値夷狄懷服兵革寢息而又體質恭儉在位四
十有二年宫室苑囿無所益故民無暴賦横徭而生
齒歲登墾田日廣至于法令則去苛憯尚寛簡守令

則進賢良退貪殘牛酒以禮高年粟帛以旌孝行廣惠以廩惸獨寬恤以省力役除身丁之筭弛鹽權之利故能道迎休祥年穀登衍其裕民之德固已浹肌膚而淪骨髓矣然猶慊然憂下民之疾疢無良劑以全濟於是詔太醫集名方曰簡要濟衆凡五卷三策鏤板摸印以賜郡縣俾人得傳録用廣拯療意欲錫以康寧之福躋以仁壽之域已而縣與律令同藏殆逾一紀窮遠之民或莫聞知聖澤壅而不宣吏之罪也乃書以方版揭之通會不獨流傳民閒痊痾愈疾亦欲人人知上恩也後之君子儻不以是爲詒歲一

檢案之使無遺毀焉

右具如前須至榜示嘉祐七年正月日

舉黄庭堅自代狀

蒙恩除臣翰林學士伏見某官黄某孝友之行追配古人瑰瑋之文妙絶當世舉以自代實允公議

舉劉景文狀

臣自少聞趙元昊寇延州危急環慶將官劉平以孤軍来援姦臣不救平遂戰没竟罵賊不食而死平有數子皆才用絶人不幸早世今臣所與同僚西京左蔵庫副使權兩浙西路兵馬都監兼東南第三將劉

季孫則平之少子篤志力學博通史傳工詩能文輕利重義雖文臣中亦未易得而其練達武經講習邊政乃其家學至於奮不顧身臨難守節以臣度之必不減平今平諸子獨有季孫在而年已五十有八雖備位將領未盡其用伏望朝廷特賜採察擢置邊廷要害之地觀其施為別加陞進不獨為忠義之勸亦以廣文武之用如蒙朝廷擢用後犯入已贓及不如所舉臣甘伏朝典

舉趙德麟狀

右臣聞之詩曰懷德惟寧宗子維城宗室之有人邪

家之光社稷之衛也周之盛時其卿士皆周召毛原
非王之伯叔父則其子弟也逮至兩漢河閒東平之
德歆向之文天下以為口實而唐之宗室武略如道
宗孝恭文章如白與賀者不可以一二數而以功名
至宰相者有九人焉自建隆以来累聖執謙不私其
親幹國治民不及宗子雖有文武異才終身不試
神宗皇帝實始慨然欲出其英髦與天下共之故增
立教養選舉之法行之二十年出入中外漸就器使
未見有卓然顯聞稱先帝意者夫豈無人盖朝廷未
有以大聳勸之耳臣伏見左承議郎簽書潁州節度

判官廳公事趙令時事親篤孝內行純備博學經史手不釋卷吏事通敏文采俊麗志節端亮議論英發體兼衆器無適不宜臣嘗見其所著述筆力雅健博貫子史蓋清廟之瑚璉明堂之杞梓也使其生於幽遠猶當擢用而況近託肺腑已蒙試用者乎伏望聖慈特賜考察召致館閣養其高才而遂其遠業以風動宗室觀示海內成先帝之意不以臣人微言輕而廢其請也若後不如所舉甘伏朝典

赴英州乞舟行狀

臣某言近准誥命落兩職追一官謫守嶺南小郡臣

尋火急治裝星夜上道今已行次滑州而自聞命已
来憂悸成疾兩目昏障僅分道路左手不仁右臂緩
弱六十之年頭童齒豁疾病如此理不久長而所負
罪名至重上孤恩義下愧平生悸傷血氣憂隔飲食
所以疾病有加無瘳加以素来不善治生禄賜所得
隨手耗盡道路之費囊橐已空臣本作陸行日夜奔
馳速於赴任而疾病若此資用不繼英州接人卒未
能至定州送人不肯前去雇人買馬之資無所從出
道盡塗窮譬如中流失舟抱一浮木恃此爲命而木
将沉臣之衰危亦云極矣竊伏思念得罪以来三改

謫命聖恩保全終付一郡豈期聖主至仁至明尚念八年經筵之舊臣意欲全其性命乎臣若強衰病之餘生犯三伏之毒暑陸走炎荒四千餘里則僵仆中途死於逆旅之下理在不疑雖罪累之重不足多惜而死非其道則非仁聖不殺全育之意也輒已分散骨肉令長子帶往近地躬耕就食臣只帶家屬數人前去汴泗之間乘舟泛江倍道而行至南康軍出陸赴任所貴醫藥粥食不至大段失所臣切揣自身多病早衰氣息僅屬必無生還之道然尚延晷刻於舟中畢餘生於治所雖以瘴癘死於嶺表亦所甘心比

之陸行艱於中道槀葬路隅常為羈鬼則猶有間矣恭惟　聖主之德下及昆虫以臣曾經親近任使必不欲置之死地所以輒為行舟之計敢望天慈少加憫惻臣無任

奏乞封太白山神狀附為太守宋選作

伏見當府郿縣太白山雄鎮一方載在祀典按唐天寶八年詔封山神為神應公迨至皇朝始改封侯而加以濟民之號自去歲九月不雨徂冬及春農民拱手以待飢饉粒食將絕盜賊並興臣採之道塗得於父老咸謂此山舊有湫水試加禱請必獲響應尋令

擇日齋戒差官莅取臣與百姓數千人待於郊外風色慘變從東南来隆隆獵獵若有驅導既至之日陰威凜然油雲蔚興始如車盖既日不散遂弥四方化爲大雨罔不周飫破驕陽於鼎盛起二麥於垂枯鬼神雖幽報荅甚著臣竊以爲功効至大封爵未允使其昔公而今侯是爲自我而左降揆以人意殊爲不安且此山崇高足亞五岳若賜公爵尚虛王稱校其有功實未爲過伏乞朝廷更下所司詳酌可否特賜指揮者

上初即位論治道二首代呂申公

道德

人君以至誠爲道以至仁爲德守此二言終身不易堯舜之主也至誠之外更行他道皆爲非道至仁之外更作他德皆爲非德何謂至誠上自大臣下至小民内自親戚外至四夷皆推赤心以待之不可以絲毫僞也如此則四海之内親之如父子信之如心眼未有父子相圖心眼相欺者如此而天下之不治未之有也絲毫之僞一萌於心如人有病先見於脉如人飲酒先見於色聲色動於幾微之間而猜阻行於千里之外強者爲敵弱者爲怨四海之内如盜賊之

憎主人鳥獸之畏弋獵則人主孤立而危亡至矣何謂至仁視臣如手足視民如赤子戢兵省刑時使薄歛行此六事而已矣禍莫逆於好用兵怨莫大於好起獄災莫深於興土功毒莫深於奪民利此四者陷民之坑穽而伐國之斧鉞也去此四者行彼六者而仁不可勝用矣傳曰至誠如神又曰至仁無敵審能行之當獲四種福以人事言之則主逸而國安以天道言之則享年永而卜世長此必然之理古今已試之效也去聖益遠邪說滋熾厭常道而求異術文姦言以濟暴行為申商之學者則曰人主不可以不學

術數人主天下之父也爲人父而用術於其子可乎爲莊老之學者則曰聖人不仁以百姓爲芻狗欲窮兵黷武則曰吾以威四夷而安中國欲煩刑多殺則曰吾以禁姦慝而全善人欲虐使厚歛則曰吾以强兵革而誅暴亂雖若不仁而卒歸於仁此皆亡國之言也秦二世王莽嘗用之矣皆以經術附會其說書曰惟辟作福惟辟作威此言威福不可移於臣下也欲威福不移於臣下則莫若捨己而從衆衆之所是我則與之衆之所非我則去之夫衆未有不公而人君者天下公議之主也如此則威福將安歸乎今之

說者則不然曰人主不可以不作威福於是違衆而用己己之耳目終不能徧天下要必資之於人愛憎喜怒各行其私而浸潤膚受之說行矣然後從而賞罰之雖名為人主之威福而其實左右之私意也姦人竊吾威福而賣之於外則權與人主侔矣書曰威克厥愛允濟愛克厥威允罔功威者畏威之謂也愛者懷私之謂也管仲曰畏威如疾民之上也從懷如流民之下也畏威之心勝於懷私則事無不成今之說者則不然曰人君當使威刑勝於惠愛如是則予不如奪生不如殺堯不如桀而幽厲桓靈之君長有

天下此不可不辨也

刑政

書曰臨下以簡御衆以寬此百世不易之道也昔漢高帝約法三章蕭何定律九篇而已至於文景刑措不用歷魏至晉條目滋章斷罪所用至二萬六千二百七十二條而姦益不勝民無所措手足唐及五代止用律令國初加以注疏情文備矣今編敕續降動若牛毛人之耳目所不能周思慮所不能照而法病矣臣愚謂當熟議而少寬之人主前旒蔽明黈纊塞耳耳目所及尚不敢盡而況察人於耳目之外乎今

御史六察專務鈎考簿書責發細微自三公九卿救過不暇夫詳於小必略於大其文密者其實必疎故近歲以來水旱盜賊四民流亡邊鄙不寧皆不以責宰相而尚書諸曹文牘繁重窮日之力書紙尾不暇此皆苛察之過也不可以不變易曰理財正辭禁民為非曰義先王之理財也必繼之以正辭其辭正則其取之也義三代之君食租衣税而已是以辭正而民服自漢以來鹽鐵酒茗之禁貸權易之利皆心知其非而冒行之故辭曲而民為盜今欲嚴刑妄賞以去盜不若損利以予民衣食足而盜賊自止夫興利

以聚財者人臣之利也非社稷之福省費以養財者社稷之福也非人臣之利何以言之民者國之本而刑者民之賊興利以聚財必先煩刑以賊民國本揺矣而言利之臣先受其賞近歲宫室城池之役南蠻西夏之師車服器械之資略計其費不下五千萬緡求其所補卒亦安在若以此積粮則沿邊皆有九年之蓄西夷北邊望而不敢近矣趙充國有言湟中穀斛八錢吾謂糴三百萬斛羌人不敢動矣不待煩刑賊民而邊鄙以安然為人臣之計則無功可賞故凡人臣欲興利而不欲省費者皆為身謀非為社稷計

也人主不察乃以社稷之深憂而徇人臣之私計豈
不過甚矣哉

表狀

代普寧王賀冬表

七日来復陽既進而歲功成八風不姦樂已調而君
道得惟聖在御與天同符恭惟　皇帝陛下嗣守洪
基丕承先志法小毖以求助期既醉之太平淵默臨
朝順陽道之消長清淨為治俾物類以昭蘇受福無
疆成功不宰臣猥以暗弱仰荷誨憐敢先百辟之朝
以祝萬年之壽

謝御膳表

臣伏蒙聖恩特賜寬假將理今月七日又再蒙中使臨賜御膳問其治療之增損督以朝叅之日辰臣下履淵氷上負芒剌跡涔雖小能延兩耀之光寸草何知莫報三春之澤正使豚魚幽陋木石堅頑亦將激勵忘軀奔走赴職而臣尚有無厭之請敢守不移之愚在法當誅原情可憫實以負薪之疾積有歲時勿藥之祥恐非旦夕終頋江淮之一郡以安犬馬之餘生尚冀此身未塡溝壑期於異日别効涓涘

代滕達道景靈宫奉安表

衣冠出游巍乎宫闕之盛祖考来格爍然日月之明
新禮光前彌文範後繼以作解之雷雨仍收繪像之
子孫聳觀華夷淪浹枯朽竊以祀無豐踈祭不欲昵
自仁率親故同宫而合享惟聖作則實考古而便今
庶民子来五福交應蔚山河之增氣紛嶽瀆以来朝
仙木蟠根五聖既聯於龍衮靈芝擢秀九莖復出於
齋房　皇帝陛下舜孝格天堯文冠古損益漢唐之
典故潤色祖宗之規摹壽考萬年永作人神之主本
支百世共承宗廟之休臣出守遠方阻觀盛禮會祠
壇下莫覩爍然之光留滯周南竊興命也之嘆

上皇帝賀冬表

易稱来復盖知天地之心禮戒無為以待陰陽之定

恭惟　皇帝陛下堯仁冠古舜孝通神種德兆民躬

行文景之儉游心六藝灼知周孔之情人既和而歲

自豐天不違而壽無極臣久緣衰病待罪江湖莫瞻

北極之光但罄南山之祝

上太皇太后賀正表

堯曆授時夏正建統氣迎交泰之會祥應重明之朝

恭惟　太皇太后陛下道無能名德愽而化天人所

助本義易之益謙慈儉不居得老氏之三寶時逢吉

旦福集清宮臣職守江湖心馳象魏天威咫尺想聞清蹕之音眉壽萬年遠奉稱觴之慶

擬作

代侯公說項羽辭 并敘

漢與楚戰敗於彭城太公間走見獲於楚項羽常置軍中以為質漢王遣辯士陸賈說項羽請之不聽後遣侯公羽許之遂歸太公侯公之辯過陸生矣而史闕其所以說羽之辭遂探其事情以補之作代侯公說項羽辭

漢王四年遣辯士陸賈東說項王請還太公項王弗
聽賈還漢王不懌者累日左右計無所出侯公在軍
中而未知名乃趨進而言曰秦為無道荼毒天下戮
人之父刑人之子如刈草菅大王奮不顧身建大義
除殘賊為萬民請命今秦氏已誅天下且定民之父
子室家皆得保完以相守也其慶大矣宜與太公享
萬歲無窮之歡不幸太公拘於強讎以重大王夙夜
之憂臣聞主憂臣辱主辱臣死大臣諸臣未有輸忠
出奇以還太公之屬車蹈義死節以折項王之狼心
者臣恐天下有以議漢為無人矣此臣等之罪也臣

頓先即辱國之誅漢王嘻㘈曰吾惟不孝不武而太
公暴露拘辱於楚者三年矣吾重念天下大計未獲
即死之此吾所以早夜痛心疾首東嚮而不忘也顧
爲之柰何侯公曰臣雖不敏願大王假臣革車一乘
騎卒十人臣朝馳至楚壁而暮與太公騄乘而歸可
乎漢王慢罵曰腐儒何言之易也夫陸賈天下之辯
士吾前日遣之智窮辭屈抱頭鼠竄顛狽而歸僅以
身免若何言之易也侯公曰待人以必能者不能則
喪氣倚事之必集者不集則挫心大王前日之遣賈
也恃之爲必能之人望之有必集之事今賈乃困辱

而歸是大王氣喪而心挫也宜有以深鄙臣也且大王一失任於陸賈乃遂懲艾以為無足使令者是大王示太公之無還期待天下為無士也漢王曰吾豈忘覩者耶顧若無足以辦此且項王陰忮不仁徒觸其鋒與之俱靡耳侯公曰昔趙平原君苦秦之侵欲結楚從也求其可與從適楚者二十人蓋擇於門下也食客數千得十九焉其一人無得也最下客毛遂請行平原君不擇而與之俱卒至強楚廷叱其王而定從於立談之間者毛遂功也日者趙王武臣見獲於燕以其臣陳餘張耳之賢擇人請王往者十輩無一返者

終於養卒請行朝炊未終乃與趙王同載而歸此大王之所知者臣乃今日顛為大王之毛遂養卒大王何慊不辱平原餘耳之聽扎漢王曰善乃飭車十乘騎卒百人以遣侯公侯公至楚晨扣軍門謁項王曰臣聞漢王之父太公為俘囚臣切慶大王獲所以勝於漢者前日漢王遣使請之而大王不與至將烹焉臣切弔大王似不卹楚矣項王嗔目大怒叱侯公曰若自薦死乃欲為而主行說以僥倖也且吾親與人角而獲其父固將甘心焉今乃言無卹者何也侯公曰臣以區區之身備漢之使而有謁於大王故大王

以臣爲漢游説而忘忠楚也大王試幸聽之使其言
有可用則楚漢之大利兩君之至歡豈臣之私幸也
使其言無可用則臣徐蹈鼎鑊以從太公之烹盖未
晚也項王曰太公之不得歸必矣若將何言侯公曰
夫漢王失職怏怏而西因思歸之士收豪傑之伍舉
梁漢之師下巴蜀之粟并三秦定齊魏日引而東以
與大王決一旦之命大王視其志因將一天下朝諸
侯建七廟定大號爲萬世基業耶抑將區區徇匹夫
之節爲曾參之孝而已者耶且連兵帶壘與楚百戰
以決雌雄乃有天下三分之二大王軍覆將死自救不

暇凡所以運奇決敵為大王之勍敵者在漢王與諸將了事耶抑太公實為之也耶雖庸人孺子固知之然則太公獨一亡似人耳不足為楚漢之輕重大王幸虜獲之而禍福實係焉視其用之如何耳得所以用而用之者強失所以用而用之者亡苟為失其所用未若不獲之為善也大王所以久拘而不歸者固以要之誠是也且要而能致之則權在我要而不能致則權在人權之所在以戰必克則要者名也歸者實也大王苟不得志於名當速收効於實無為兩失而自遺其患是以臣竊為大王慎惜此舉也大王固嘗

置之俎上而命之矣彼報之曰必欲烹之頒分羹焉
且父子相愛之情豈相遠哉方漢王窘於彭城二子
同載推墮捐之弗顧也安知其視父不與子同也太
公之囚楚者三年矣彼誠篤於愛父固將捐兵解甲
膝行頓顙楚之轅門爲之請一旦之命令勵士方力暂
戰方急無一日而忘於楚從事此其志在天下無以親
爲也大王今不歸之以收其實將久留之以執其名
故曰似不恤楚也項王怒氣少息徐曰顧吾所讎者
漢王爾其父何與耶且漢王親以其身投吾掌握者
數矣我常易而釋之今乃曰東向必欲亡楚而後已

故吾深仇之欲葅醢其父聊快於一時況與之歸耶
侯公曰辱大王幸賜聽臣臣請言其不可者夫首建大
義誅暴秦者惟楚世為賢明顯名於天下者惟楚天
下豪傑樂從而爭赴者惟楚被堅執鋭為士卒先所
向摧靡莫如大王兵強將武百戰百勝莫如大王諸
侯畏慴惟所號令莫如大王割地據國連城數十莫
如大王持此數者以令天下朝諸侯建大號何待于今
然而為之八年智窮兵敗土疆日促反為漢雖大王嘗
自知其所以失乎項王曰吾誠每不自知如公言焉
公試論吾所以失者侯公曰大王知夫博者事乎夫財

均則氣均氣均則敵偶然後勝負之勢決於一時今
大王求與漢慱方布席徒手未及投地而驟以已資
推遺之已而財索氣竭徒手而校之則大王之勝勢去
矣夫仁義禮智所以取天下之資而制敵之具也大
王乃棄資委具以為無所事以故漢皆獲而收執之
此所以自引而東視大王如無也項王曰何謂棄資委
具侯公曰夫秦民之不聊生久矣漢王之入關也秋
毫無所犯觧秦之罟約法三章民大慶悦惟恐其不
王秦也大王之至燔燒屠戮酷甚於秦秦人失望何
以為仁大王始與諸侯受約懷王先入關者王之漢

王出萬死不顧一生之計叩關決戰降俘其主以待
大王而大王背約遷之南鄭何以爲信大王以世爲楚
將方舉大義不立其後無以令天下遂共立懷王而
禀聽之及天下且定乃陽尊爲帝而放殺之何以爲
義以范增之忠陳平之智韓信之勇皆人傑爭天下
者視此三人爲之存亡然而增死於疑平信去而不用
何以爲智是以漢王於其入關也天下歸其仁其還
定三秦也天下歸其信爲義帝縞素也天下歸其義
其用平信也天下歸其智此四者大王素有之資可
畜之具惟其委棄而不用故漢皆得而收執之是以

大王未得所以税駕也方今之勢漢王者高資富室
也大王者窶人也天下者市人也市人不趍窶人而
趍高資富室明矣然則大王今日之資恃有一太公
爾天所以相楚也今不歸之以伸區區之信義紓旦
夕之急臣恐漢人怒氣益奮戰士倍我是大王又以
其資遺漢且將索然而爲窮人矣此臣所以爲大王
寒心也夫制人之與見制於人克人之與見克於人
豈同日而語哉願大王熟計之項王曰孤所以恩漢
者亦至矣然去輒背我今其父在此猶日急鬭誠一
旦歸之徒益其氣爾侯公曰不然臣聞懷敵者強怒

敵者亡大王於漢有足懷而制之乃欲怒而鬬之臣
意天溺大王之衷將遂孤楚矣大王誠惠辱一介之使
護太公且致言漢王曰前日太公播越於外羇旅敝
軍獲侍盥沐三年于茲而君王方深眷過之是以下
國君臣未敢議太公之歸今君王勑駕迎之孤恐久
稽君王旦暮問安侍膳之歡敢不承令敬遣下臣衛
送太公之屬車以還行宮孤亦願自今之日與君王
捐忿與瑕繼平昔之歡君王有以報不穀者皇天后
土實與聞之如此而漢不觧甲罷兵以荅大義則曲
在彼矣大王因之號令士卒以趨漢王此秦所以獲

晉惠公也今大王不辱聽臣臣無所受命而歸漢王
固將慟哭於軍曰楚之讎我者深矣使者再返而太
公不歸矣且號為舉大義除殘賊拯萬民終之有不
共戴天之讎何面目以視天下今日之事有楚無漢
有漢無楚吾將前死楚軍不返顧矣漢王持此感怒
士心整甲而趨楚軍此伍子胥所以鞭平王之尸也
項王曰善吾聽公姑無烹公第還語而王令罷兵吾
今歸之矣侯公曰此又不可夫智貴乎早決勇貴乎
必為早決者無後悔必為者無棄功王陵楚之驍將
也一旦亡去漢大王拘執其母將以還陵也而其母慷

慨對使者為陵陳去就之義勑陵無還遂伏劍而死故天下皆賢智其母而莫不哀其死也今太公幽囚鬱抑於大王之軍久矣今聞使者再返而大王無意幸赦還之臣竊意其變生於無聊不勝恚辱之積一旦引決以蹈陵母之義則大王悔恐自失雖欲回漢軍之鋒不可得矣臣聞来而不可失者時也蹈而不可失者機也方今大王粮匱師老無以支漢而韓信之軍乘勝之鋒亦且至矣大王雖欲解而東歸不可得矣臣願大王因其時而用其機急歸大公與漢王約中分天下割鴻溝以西為漢以東為楚大王解甲

登壇建號東帝以撫東方之諸侯亦休兵儲粟以待天下之變漢王老且厭兵尚何求哉固將世爲西藩以事楚矣項王大悅聽其計引侯生爲上客召太公置酒高會三日而歸之太公呂后既至漢王大悅軍皆稱萬歲即日封侯公平國君曰此天下辯士所居傾國者故號平國君焉

擬孫權荅曹操書

權白孟德足下辱書開示禍福使之内殺子布外擒劉備以自効書辭勤欵若出至誠雖三尺童子亦曉然知利害所在矣然僕懷固陋敢略布昔田横齊之

遺虜漢高祖釋酈生之憾遣使海島謂横来大者王
小者侯猶能以刀自到不肯以身辱於劉氏韓信以
全齊之地束手於漢而不能死於牖下自古同功一
體之人英雄豪傑之士世亂則藉以剪伐承平則理
必猜疑與其受韓信之誅豈若死田横之節也哉僕
先將軍破虜遭漢陵夷董卓僭亂焚燒宗廟發掘陵
寢故依袁術以舉義師所指城邑響應天下思得董
卓而食之不厭不幸此志未遂而無禄早世先兄伯
符嗣命馳騁鋒鏑周旋江漢豈有他哉上以雪天子
之耻下以畢先將軍之志耳不意袁術亦僭位號污

辱義師又聞諸君各盜名字伯符提偏師進無所歸退無所守故資江東為之業耳不幸有荆軻舞陽之變不以權不肖使統部曲以卒先臣之志僕受遺以來卧薪嘗膽悼日月之逾邁而歎功名之不立上負先臣未報之忠下忝伯符知人之明且權先世以德顯於吳權若効諸君有非常之志縱不蒙顯戮豈不墜其家聲耶漢自桓靈以來上失其道政出多門宦官之亂纔息董卓之禍復興催汜未誅袁劉割據天下所恃惟權與公及劉備三人耳比聞卓已鯨鯢天子反正僕意公當掃除餘孽同奬王室上助天子與

宗廟社稷之靈退居藩國無失春秋朝覲之節而
足下乃有欺孤之志威挾天子以令天下妄引曆
數陰搆符命昔笑王莽之愚今竊歎足下蹈覆車
也僕與公有婚姻之舊加之同好相求然自聞求九
錫納棥房不唯同志失望天下甚籍籍也劉備之兵
雖少然僕觀其為人雄材大略寬而有容拙於攻取
巧於馭人有漢高祖之餘風輔以孔明未可量也且
以忠義不替曩昔僕以為今海內所望惟我二人
耳僕之有張昭正如備之孔明左提右挈以就大事
國中文武之事盡以委之而見教殺昭與備僕豈

病狂也哉古諺有之輔車相依脣亡齒寒僕與劉備
實有脣齒相須之勢是下所以不能取武昌又不能
到成都者吳蜀皆存也今使僕取蜀是吳不得獨
存也蜀亡吳亦隨之矣晉以垂棘屈產假道於虞以
伐虢夫滅虢是所以取虞虞以不知故及禍是下意
何以異此古人有言曰白首如新傾蓋如故言以
身託人必擇所安孟德視僕豈惜此尺寸之土者
哉特以公非所托故也荀文若與公共起艱危一旦
勸公讓九錫意便憾使卒憂死矧僕與公有赤壁
之隙雖復盡釋前憾然豈敢必公不食斯言乎今日

歸朝一匹夫耳何能為哉縱公不見害交鋒兩陣之間所殺過當今其父子兄弟實在公側怨讎多矣其能安乎季布數窘漢王及即位猶下三族之令矧足下記人之過忘人之功不肯忘文若於九錫其肯赦僕於赤壁乎孔文舉與楊德祖海內奇士足下殺之如皁隸豈復有愛於權天下之才在公右者即害之矣一失江東豈容復悔耶甘言重幣幸勿復再

制誥

元祐元年九月六日明堂赦文

門下聖人之德無以加孝帝王之典莫大承天朕以
眇眇之身煢煢在疚永惟置器之重惕若臨淵之深
承明繼成思有以迪先王之烈紹志述事未足以慰
天下之心仰繫母慈揔攬政體緝熙百度和樂四方
賴帝貺臨海寓盛乂三垂之兵靡警萬邦之年屢豐
庶幾大同光嗣成美深惟六聖之制必躬三歲之祠
維茲肇禋屬予訪落喪有以權而從變祭無以卑而
廢尊顧言揔章古重宗祀以教諸侯之孝以得萬國
之心我享維天下武式文王之典大孝嚴父孔子謂周
公其人追惟先猷嘗講茲禮包舉儒術咨諏縉紳剌

六經放逸之文斥衆言淆亂之蔽嘉與四海靈承一
天革顯慶之無尊隆永徽之專配成於獨斷畀予冲
人遵遺教於前著成法於後涓選吉日裒輯上儀奉
罍琳宮奠玉路寢神之弔矣燕及皇天誰其配之既
右烈考於時夙齋輅之駕被衮冕之章備庶物之微
追三牲之養靈游而風馬下孝奏而日月光惕然履
霜詎勝悽愴之意僾然出户如聞歎息之聲秩祜賚
我思成侍臣助予惻楚既迄成於熈事敢專饗於閎
休宜布洪恩以暨諸夏云云於戲漢庭祀帝著於即
阼之逾年唐室施仁固以御門之吉日盖禮盛者文

縟澤大者流長尚賴文武之英屏翰之雋協恭致治
以輔邦家

元祐三年六月德音赦文

門下朕以眇躬獲御大器仰　聖后之慈訓荷先
烈之永圖四載于茲涉道尚淺凜然祗惕若履淵冰
思所以慰安人心奉若天道常慮一夫之失所以傷
萬物之太和蠲苛去煩夙夜願治迺自去冬連月降
雪異常今春已来久陰不霽農民失職商旅不通比
屋之間凍餒彌甚常寒之罰咎在朕躬惟日兢兢以
圖消復潔精致禱神眷未孚克己自持協氣無應切

慮四方獄犴寃滯尚多工役煩興人咨胥怨欝成繆盭之變以干陰陽之和宜均渙恩以召善氣云云於戲遇災祗戒聿脩信順之誠正事布和庶獲天人之助洽爾中外咸體朕懷

樂語

集英殿春宴教坊詞

教坊致語　中和化育萬壽排場

臣聞人和則氣和故王道得而四時正今樂猶古樂故民心悅而八音平幸此聖朝陶然化國飭三農於保介維莫之春興五福於太平既醉以酒共惟　皇

帝陛下乘乾有作出震無私憲章六聖之典謨斟酌
百王之禮樂天方胙於舜孝人已誦於堯言故得彛
倫敘而水土平北流軌道壬人退而蠻夷服西旅在
庭稍寬中昃之憂一均湛露之澤方將麴糵群賢而
惡旨酒鼓吹六藝而放鄭聲雖白雪陽春莫致天顔
之一笑而獻芹負日各盡野人之寸心臣猥以賤工
叨塵法部幸獲望雲之喜敢陳擊壤之音不揆蕪才
上進口號

口號

萬人歌舞樂芳辰長養恩深第四春令下風雷常有

信時来草木豈知仁璿璣已正三堦泰玉琯初知九
奏純更欲年年同此樂故應相繼得元臣

勾合曲

太平無象善萬物之得時和氣致祥喜八風之從律
大合鈞天之奏克諧治世之音上奉嚴宸教坊合曲

勾小兒隊

斑白之老既無負戴之憂齠齔之童亦遂嬉遊之樂
行歌道路聯袂闕庭仰奉宸慈小兒入隊

隊名

初成莫春服来獻太平謡

問小兒隊

聚戲里閭豈識九重之奧成文綴兆忽隨六樂之和宜近彤墀悉陳來意

小兒致語

臣聞春為陽中生物各遂其性樂以天下聖人豈私其身故飲食盡忠臣心而遊豫為諸侯度方遲日之無事紹嗣歲之有年大啓壁門肅陳燕豆共惟皇帝陛下道隆而德備質文而性仁總攬群材蓋天授之神策澄清庶政故民獻以寶符顧良辰樂事之難并宜群臣嘉賓之並集廣場千步方山立於衆工大

樂九成固海函於雜技臣等沐浴膏澤咏歌昇平幸

以髧髦之微得參舞羽之末敢干宸聽伏俟俞音

勾雜劇

臚傳已久陛楯將更宜資載笑之歡少進群優之技

緩調絲竹雜劇来歟

放小兒隊

清歌屢奏盖曲盡於下情妙舞載陳亦不遺於小物

既畢沛風之和稍同沂水之歸再拜天堦相將好去

勾女童隊

燕私之樂下侍於臣工靡曼之觀聊同於俚俗畨音

而作振袂稍前上奉宸歡兩軍女童入隊　隊名

瑞日明歌扇仙飈動舞衣

問女童隊

工師奏技侍衛聳觀顧游女之何施集彤庭而有待

欲知来意宜悉敷陳

女童致語

妾聞聖人授民以時王者與衆同樂故倉庚鳴而蠶女出游魚躍而靈沼春蓋良辰豈易得哉亦賢者而後樂此伏惟皇帝陛下温恭允塞緝熙光明學無常師文武識其大者仁能濟衆堯舜其猶病諸齊泰

階之六符走重譯之萬里天人並應禮樂將興豈惟塵土之賤微敢度乾坤之廣大萬舞九奏雖未象於成功間歌三終亦庶幾於頌德欲殫末技少効寸誠

勾雜劇

風斜御柳既窮綺麗之觀日轉庭槐少進詼優之戲再調絲竹雜劇来歟

放女童隊

翠袖風回已盡折旋之妙文茵霞卷尚觀顧步之餘再拜天墀相將好去

齋日致語口號

旋復陰陽配五支於六幹誕彌歲月與元日爲三申

神后降慶於當年曾孫効誠於兹旦不煩巧歷自契

眞符道俗謳謡天人協應　太皇太后陛下功高任

姒德配唐虞上推顧託之心下布仰成之政寶慈與

儉蹈光憲之成規却狄安邦襲烈武之餘慶三朝順

履萬壽維新雖綘縣之老人難窮甲子如楚南之靈

木莫計春秋臣賤等草茅心傾葵藿採民謡於擊壤

効樂語之陳詩

媧皇得道自神仙金母長生不計年甲子會逢三朔

旦歲星行看百周天消兵漸覺腰無犢種地方知禍

有田彤管何人書後會椒花椿頌一時編

黃樓致語口號

百川返壑五稼登場初成百尺之樓適及重陽之會

高高下下既休畚鍤之勞歲歲年年共覩茱萸之美

共惟知府學士民人所恃憂樂以時度餘力而取羨

材因備災而成勝事起東郊之壯觀破西楚之淫名

賓客如雲來四方之豪傑鼓鍾隱地竦萬目之觀瞻

實與徐民長為佳話

一新柱石壯嚴闉更值西風落帽辰不用游從誇燕

子直將氣焰壓波神山川尚遶當時國城郭猶飄廣

陌塵誰凭欄干賞風月使君留意在斯民

趙倅成伯毋生日致語口號

昔年占夢適當重九之佳辰今日獻香願祝大千之
遐筭慶婦姑之同日雜茱菊以稱觴殺雞已效於龎
公剪髮敢資於陶毋但某叨居樂部忝預年家不度
蕪材上塵口號

今朝壽酒泛黃花欝欝葱葱氣滿家但得唐皃舞一
曲莫嫌國小向長沙

王氏生子致語口號

人中五日知織女之暫来海上三年喜花枝之未老

事協紫衙之夢歡傾白髮之兒好人相逢一杯徑醉

伏以某人女郎蒼梧仙裔南海貢餘憐謝瑞之早孤潛炊相助嘆張鎬之沒興遇酒輒歡采楊梅而朝飛擘青蓮而暮返長新玉女之年貌未厭金膏之掃除萬里乘桴已慕仲尼而航海五絲繡鳳將從老子以俱仙東坡居士尊俎千峯笙簧萬籟聊設三山之湯餅共傾九醞之仙醪尋香而来苒天風之引步此興不淺炯江月之升樓

羅浮山下已三春松筍穿堦晝掩門太白猶逃水仙洞紫簫来問玉華君天容水色聊同夜髮澤膚光自

鑑人萬户春風爲子壽坐看滄海起揚塵

寒食宴提刑致語口號

良辰易失四者難并故人相逢五斗徑醉况中年離合之感正寒食清明之間時乎不可再来賢者而後樂此恭惟提刑學士才本天授學爲人師事業存乎斯民文章盖其餘事望之已試於馮翊𥘉子暫還於會稽知府學士接好隣邦締交册府莫逆之契義等於天倫不腆之辭意勤於他主力講兩君之好可無七子之詩欲使異時爭傳盛事

雲閒畫鼓疊春雷千騎尋芳戲馬臺半道已逢山簡

醉萬人爭看謫仙來淮西按部威尤凛歷下懷仁首

重回還把去年留客意折花臨水更徘徊

東坡續集卷第九